Für alle, die im Leben mehr als nur bestehen wollen.

Die Deutsche Nationalbibliothek verzeichnet diese Publikation in der Deutschen Nationalbibliografie; detaillierte bibliografische Daten sind im Internet über http://dnb.d-nb.de abrufbar.

Die Studentenbibel
– Die Pflichtlektüre für dein Studium und die beste Zeit deines Lebens
geschrieben von Philipp Köhler & Thorlef Czopnik

Köhler, Klein & Czopnik Gbr
Beethovenstr. 9, 35606 Solms
kontakt@studentenbibel.de
Gesellschafter: Philipp Köhler, David Klein, Thorlef Czopnik
USt-ID: DE332354151

Erste Auflage, Dezember 2020

ISBN: 978-3-9822637-0-0 (Softcover)
ISBN: 978-3-9822637-1-7 (E-Book)

Design & Layout: David Klein, K&R Advertising
E-Book: Chiara Selig

www.studentenstoff.de/studentenbibel

PHILIPP KÖHLER & THORLEF CZOPNIK

DIE STUDENTENBIBEL

Die Pflichtlektüre für dein Studium und
die beste Zeit deines Lebens

STUDENTENSTOFF

FOLGE UNS, NICHT DER VORLESUNG.

INHALT

Mehr Tipps für dein Studium:

www.studentenstoff.de

EINFÜHRUNG

DIE SCHÖPFUNGSGESCHICHTE

Am Anfang schuf Gott die Universität; die Universität aber war wüst und wirr. Gott sprach: Es komme der Campus. Und der Campus kam. Gott sah, dass der Campus gut war[1], doch etwas fehlte. Also schuf Gott die Mensa, die Bibliothek und viel zu wenig Parkplätze. **Fahrt gefälligst Fahrrad!**

Es wurde Abend und es wurde Morgen: erster Tag.
Dann sprach Gott: In der Universität sollen Studienfächer und Fachrichtungen wachsen und gedeihen! Gott kreierte die Studienfächer. Für Exoten Studiengänge wie Brauwesen und Blockflöte[2], für die, die nicht wussten, was sie studieren sollten, die Wirtschafts- und Rechtswissenschaften und für die Hipster irgendetwas mit Medien. So geschah es.

Es wurde Abend und es wurde Morgen: zweiter Tag.
Dann sprach Gott – und das war ein großer Fehler: Professoren sollen am Campus sein, um Neulinge zu bilden, um zu lehren und um das Wissen weiterzugeben. Er erfüllte sie mit Weisheit, kurzärmligen Karo-Hemden und gab ihnen die Freiheit, ihren Fachbereich eigenständig zu gestalten.

Doch noch vor Abend des gleichen Tages tauchte der/die/das Professx für Genderstudies mit einer ellenlangen Petition auf. Hatte er doch vergessen, auch weibliche und geschlechtslose Professor*Innen zu erschaffen! Diesen Fehler korrigierte Gott noch am gleichen Tag[3].

Es wurde Abend und es wurde Morgen: dritter Tag.
Und Gott sah die Kosten und die Kosten waren hoch. Da kam der Teufel, der gefallene Engel, der niemanden durchfallen ließ, und erschuf die Privatuniversitäten:

---

[1] Abgesehen von der Uni Regensburg. Zum Glück gibt es in Bayern genug Bier. Den Campus MUSS man sich schön trinken.

[2] Lässt sich wirklich studieren. In Stuttgart. Deine Chance – es ist nie zu spät!

[3] Allerdings verzichten wir der Einfachheit halber im weiteren Buch darauf.

„Zahlen die Sünder, die Reichen und die Mächtigen mit barer Münze ihren Ablass, so sollen ihre Sprösslinge einen Abschluss erhalten."

Und Gott war nicht begeistert, bis er die Einnahmen sah.

Es wurde Abend und es wurde Morgen: vierter Tag.
Dann sprach Gott: Das Studium bringe alle Arten von Prüfungen hervor. Multiple Choice, Aufsätze, die Entzifferung der Hieroglyphen des Nachbarn. Diese zeitliche Episode solle Prüfungsphase genannt und herzlich gesponsert werden von Red Bull, Kleenex und Wagner Steinofen Pizza.[4]

„Und wandeln sollst du des Nachts, umgeben von Blättern, Pizzaresten und dem schalen Geschmack im Mund, der dich an deine Leistung erinnert, und mögest du ewiglich an die Müdigkeit erinnert werden!"

Es wurde Abend und es wurde Morgen: fünfter Tag.
Doch Gott war, ist und wird immer ein gütiger Gott sein. Dann sprach Gott: „Ich habe Mitleid." Und er schuf die Semesterferien. Sie sollen ergiebig und erholsam sein - doch schon hörte Gott ein entferntes Räuspern aus dem Elfenbeinturm der Lehrenden: Und es kamen die Hausarbeiten und die unbezahlten Praktika für die Semesterferien.

Es wurde Abend und es wurde Morgen: sechster Tag.
So wurde Studium und Universität vollendet. Nun gut, fast. Am siebten Tag schuf Gott den Studenten. Und mit ihm kam das Chaos...[5]

---

[4] Nein, wir haben kein Geld für diese Namensnennung erhalten. Vergesst nicht, es war Gott, der die Prüfungsphase erschaffen hat! Und wer Privatuniversitäten erschafft, nimmt bestimmt auch Geld von Großkonzernern an.

[5] ...und das mit 15 Minuten Verspätung.

KAPITEL 1

MEIN GOTT, WARUM HAST DU MICH VERLASSEN?

Es wurde Nacht.

01:37 Uhr

„Gute Nacht. Viel Glück, Digga!"

Der letzte verbliebene Kamerad hat sich soeben vom Schlachtfeld und aus der Lerngruppe Statistik mit dem motivierenden Namen **„DURCHFALLQUOTE 100%"** auf meinem Handy verabschiedet. Damit ist die Nabelschnur zur Außenwelt abgeschnitten, ich bin auf mich alleine gestellt. Sie alle sind ins Bett gefallen, ich bin der letzte verbliebene Krieger. Robin hat irgendwann die weiße Fahne geschwenkt, Saskia wollte nur noch zu ihrem Freund und von Julian wissen wir alle, dass er zwar vollkommen zerstört, aber auf wundersame Weise erfolgreich die Klausur bestehen würde. Nur Thomas fehlte schon seit 21 Uhr, angeblich schlief er.

Es ist exakt 1:37 Uhr. Um mich herum verteilt liegen Collegeblöcke, Folien, Zusammenfassungen, Probeklausuren und ein Laptop, der auch schon bessere Zeiten gesehen hat. Umkreist wird dieses Arsenal an Wissen von einer Legion Energydrinks, zerfetzten Chipstüten und einer Tasse Kaffee, auf der tatsächlich steht: *Das Genie beherrscht das Chaos.* Oder das Chaos beherrscht dich, du Genie!

01:43 Uhr

„Jetzt nochmal schnell alle Probeklausuren durchgehen und das Skript ein letztes Mal überfliegen. Wenn ich das schnell durchbekomme, kann ich mich nochmal für 4 Stunden ins Bett legen. Besser als nichts!", denke ich, während ich an meinem Red Bull nippe. Ich stürze mich auf die erste Probeklausur, um einen groben Eindruck zu bekommen, wie gut mein Leistungsstand ist.

2:26 Uhr

Mein Leistungsstand? Irgendwo zwischen ***„Gehe in das Gefängnis. Begib Dich direkt dorthin. Gehe nicht über Los. Ziehe nicht die Kohle ein"*** und ***„Herzlichen Glückwunsch, du bist im Recall" – Für den zweiten Versuch."***

Es wird eine lange Nacht werden. Vier Stunden Schlaf? Vergiss es! Aber bis 5 Uhr sollte ich durch sein. Dann könnte ich mich nochmal für zwei Stunden hinlegen.

2:48 Uhr
Die weiteren Probeklausuren haben mein Selbstbewusstsein nicht wirklich gestärkt. Statt einem Recall-Zettel höre ich Dieter Bohlen rufen: ***„Brot kann schimmeln, was kannst du?“***

Panik breitet sich aus. Ich durchforste sämtliche unstrukturierten Materialien, die sich im Laufe des Semesters angesammelt haben.

3:12 Uhr
Das Regal in der Ecke sieht so dreckig aus, wie ich mich fühle. Wann hat mein Arzt eigentlich Sprechstunde?

05:40 Uhr - Die Erkenntnis:
Es ist hoffnungslos. Ich habe keinen Plan und weiß nichts. Wie kann man ein derartiger Vollidiot sein? Ich hatte drei Monate Zeit und lerne heute Nacht mehr als in einem gesamten Semester. Dabei wäre es doch so einfach gewesen, wenn ich früher angefangen hätte. Ich werde durchfallen, das ist so sicher wie das Amen in der Kirche. Amen.

So sahen die Nächte vor unserer ersten Klausurenphase aus. Wir mussten Nächte durchlernen, um überhaupt eine Chance zum Bestehen zu haben. Aber, wir sind mit einem blauen Auge davongekommen und haben aus unseren Fehlern gelernt. Nun gut, wir sind ehrlich: Wir haben spät daraus gelernt!

Aber woher soll man auch wissen, wie man effektiv studiert? Gab es dafür etwa ein Modul? Wurde man während des Abiturs wirklich darauf vorbereitet? Nein! Dafür kann man noch immer die Kurvendiskussion und eine Gedichtsanalyse schreiben.

Und dennoch gab es da diese Kommilitonen, die alles unter Kontrolle hatten. Die den Balanceakt aus Alkoholkonsum einer russischen Großfamilie und Disziplin eines tibetischen Mönchs beherrschten. Wir beobachteten sie – und zwar nicht bis wir einen richterlichen Beschluss erhielten. Nein, wir freundeten uns mit ihnen an.

Wir nutzen die Zeit mit ihnen und studierten ihre Angewohnheiten, schrieben Notizen, befragten sie über ihre Lernstrategien und fanden schließlich den heiligen Gral:

DIE STUDENTENBIBEL.

Über die Studentenbibel

Die Studentenbibel ist dein Werkzeug für ein erfolgreiches Studium. Wir haben unsere Erfahrungen aus zwei unterschiedlichen und erfolgreich abgeschlossenen Studiengängen in das Buch gepackt sowie die Erkenntnisse der besten Studenten, die wir je kennengelernt haben.

Daneben findest du noch die besten und bewährtesten Strategien für deinen persönlichen Erfolg. Dadurch ist die Studentenbibel gespickt mit einem Arsenal an Lernmethoden und -strategien, die deine Studienleistungen in ungeahnte Höhen katapultieren können. Gehe offen an ein jedes Kapitel, nutze das geballte Wissen und wende deine Erkenntnisse in der Praxis an!

DIE STUDENTENBIBEL.

Wie du diese Studentenbibel benutzt

Du kannst diese Bibel so nutzen, wie du es für sinnvoll hältst, es gibt kein Richtig oder Falsch. An alle Lehramtsstudenten: Ihr dürft markern, so viel ihr wollt, ihr könnt also endlich eurer Bestimmung folgen! Allerdings solltest du immer darauf achten, dass du die wichtigsten Dinge markierst und herausschreibst, außer du studierst Lehramt...

Nicht zu vergessen: Wende diese Weisheiten auch an!
Bloßes Durchlesen und Vergessen hilft dir nicht weiter.

Die Theorie bringt dir nichts, wenn du nicht ins Handeln kommst. Deswegen findest du am Ende eines jeden Kapitels *Praxistipps*. Diese benötigen wenig Zeit und können im Anschluss an das Kapitel direkt durchgeführt werden.

Jedes Kapitel ist absichtlich kurzgehalten, dafür mit einer Menge an göttlichen Inspirationen und nützlichem Wissen gefüllt, damit du bald zu der Elite gehörst. Trage diese Weisheiten weit hinaus in die fernsten Länder, zu den angesehensten Firmen und allen Menschen! Du hast am Ende jedes Kapitels eine kurze **Zusammenfassung**, denn wir lernen bekanntlich durch Wiederholung.

Natürlich darf der Humor nicht zu kurz kommen. Bist du in einer guten Stimmung, dann lernt es sich leichter, deswegen wirst du in dieser Bibel alles finden, nur keine trockenen Fakten!

Wir wünschen dir viel Spaß und Erfolg!

KAPITEL 2

ZIELE, DENN WIR ALLE WOLLEN INS PARADIES

Jeder Mensch hat Ziele in seinem Leben. Sei es jemanden zu daten, richtig viel Geld zu verdienen, die Welt zu verbessern oder auch einfach nur sich selbst zu optimieren. Ohne Ziele hätte das Leben wenig Sinn. Sogar Zombies haben ein Ziel in ihrem Nichtleben: Fleisch.

Oftmals handeln wir aber aufgrund falscher Ziele. Du studierst vielleicht nur, weil deine Geschwister schon studiert haben oder deine Eltern es total super finden, wenn sie vor Freunden und Bekannten damit angeben können, dass sogar DU studierst.

Allein das Studium an sich hat ein Ziel: Du willst es bestehen. Aber warum studierst du? Seien wir ehrlich miteinander und folgen den drei (un)christlichen Werten. Es gibt diese drei Hauptgründe, warum jemand studiert:

INTERESSE. MACHT. KOHLE.

1) INTERESSE
Du interessierst dich wirklich für das Studium, für das Fachgebiet und hast dich damit schon davor beschäftigt. Das Endziel ist für dich zweitrangig, du lässt dich von deinem Interesse treiben und schaust, wo dich deine Reise hinführt. Du bist ein Idealist, der sich nicht nur einfach an der Uni eingeschrieben, sondern einem bestimmten Thema verschrieben hat.

2) MACHT
Du willst selbst bestimmen und hast dich für ein Studium entschieden, um ein konkretes Ziel zu erreichen. Dir geht es weniger um Geld, sondern mehr darum, die Welt zu verändern und ihr deine Vision aufzudrücken.

3) KOHLE
Du studierst, weil du dir davon einen besseren Job und im Endeffekt auch mehr Geld erhoffst. Lass die Scheine regnen!

Alle anderen Gründe kannst du komplett vergessen. Studieren heißt, dass du verdammt nochmal Bock drauf hast, entweder aus Interesse, weil du so deine Ziele erreichen kannst, oder, weil du Geld haben willst.[1] Ganz gleich welche Ziele du hast, du brauchst Motivation und die größte Motivation bekommst du dann, wenn du deine Ziele kennst!

Zusammenfassung:
Du hast ein bestimmtes Ziel und hängst keinen Träumen hinterher.

Wer keine Ziele hat, *wird vegetieren und nicht leben.*

Wer keine Ziele hat, *wird sich bremsen.*

Wer keine Ziele hat, *hat das Studium nicht begriffen.*

Wer keine Ziele hat, *wird immer versagen.*

Wer keine Ziele hat, *kommt nicht mal ins Paradies.*

Du brauchst also die göttliche Erkenntnis über deine Ziele, damit du dich auch motivieren kannst. Stell dir nur einmal vor, Moses wäre mit seinen Groupies ohne Ziel durch die Wüste gepilgert. Wecke den Moses in dir!

---

[1] Oder du studierst Philosophie, damit du jedes Mal, wenn du deine Eltern besuchst, beim Abendessen einen philosophisch-moralischen Torpedo abfeuern und alle zum Eskalieren bringen kannst!

2.1 Komme SMART durch die Wüste und teile das Meer

Das Studium ist sicher nicht einfach, für manche dauert es länger, andere hingegen schreddern die Semester nur so durch, und die dritte Fraktion landet im Bundestag.[2] Blickst du dich nur einmal um, entdeckst du auf deinem Campus auf den ersten Blick zehn Leute, für die du nicht unbedingt die Hand ins Höllenfeuer legen würdest, dass sie das Studium bewältigen werden. Sie lungern herum, schwänzen Veranstaltungen und beschweren sich andauernd über das Studium. Ja, jeder fragt sich, warum diese Personen überhaupt studieren und sie sich selbst vermutlich am meisten. Dabei sind gerade diese Leute dafür bekannt, dass sie die spektakulärsten WG-Partys veranstalten. Oder sie machen wirklich gar nichts, außer sich zu beschweren.
Mache dir klar, aus welchen Gründen du studierst. Warum studierst du genau dieses Fach? Schreibe dir in einem göttlichen Satz auf, was und warum das dein Ziel ist. Du merkst schon:
Auf das ***WARUM*** kommt es an!

Ich studiere, *weil ich mehr im Leben erreichen möchte!*

Ich studiere, *weil mich das Thema brennend interessiert!*

Ich studiere, *weil die Kommiliton/innen irre heiß sind.*

(Du Schelm, natürlich zählt der Spruch nicht!)
Beispiel: Ich studiere Rechtswissenschaften, weil ich den Menschen helfen will, die ungerecht vom Leben behandelt wurden.

Damit du nicht bereits vor der nächsten Klausur die komplette Motivation verlierst, geben wir dir das erste göttliche Instrument an die Hand: die **SMART-Methode**. Mit dieser Methode kreuzigst du deinen Schweinehund kopfüber und wanderst nicht durch das finstere Tal der Ziellosigkeit.

---

[2] Wenn es mit dem Studium absolut nicht läuft: Schaue nur einmal welche Politiker ihr Studium niemals beendet haben. Ja, das sind genau die Leute, die jetzt jeden Abend im TV herumkaspern. Und dann google mal das Gehalt.

Die SMART- Methode

SMART steht für spezifisch, messbar, attraktiv, realistisch und terminiert. Diese Methode garantiert dir, dass du den Fokus behältst, ganz gleich, wie hoch dein Stresslevel ist und wie verführerisch die dämonischen Schweinehunde in deinem Kopf flüstern.

1. Spezifisch

Formuliere deine Ziele konkret und ohne Wischiwaschi. So gibst du dir gar nicht erst die Möglichkeit, dich selbst zu verarschen.

NICHT

~~Ich schreibe eine gute Hausarbeit!~~

SONDERN

Ich schreibe 13 Punkte in meiner Hausarbeit.

Achte immer darauf, dass du die Ziele konkret benennst.

2. Messbar

Deine definierten Ziele müssen messbar sein! Letztlich zählen nur die Ergebnisse und die Wunder, die du vollbringst!

ALSO KEIN

~~Ich mache morgen etwas für die Uni.~~

SONDERN

Ich bin morgen von 10 Uhr bis 12 Uhr in der Bibliothek.

3. Attraktiv

Dein Ziel muss attraktiv sein und du musst mit voller Leidenschaft dahinterstehen.

Natürlich ist es schwierig und ich muss dir nichts vormachen: Du wirst leiden. Umso wichtiger ist es, dass du deine Ziele attraktiv und angemessen formulierst.

NICHT
~~Morgen schreibe ich zwei Kapitel drei Seiten der unnötigen Hausarbeit.~~

SONDERN
Morgen schreibe ich zwei wichtige Kapitel der Hausarbeit und gehe danach feiern.

Realistisch

Damit du deine Ziele auch erreichen kannst, musst du die Ziele realistisch formulieren und nicht Wunder erwarten, die du nicht erreichen kannst. Das würde dich nur demotivieren, während kleine Erfolge dein Selbstbewusstsein erhöhen.

NICHT
~~Heute schreibe ich meine Examensarbeit.~~

SONDERN
Heute schreibe ich drei Seiten meiner Examensarbeit.

Terminiert

Du kannst Ziele natürlich bis zum jüngsten Gericht aufschieben. Konstruktiver ist es, wenn du dir einen zeitlichen Rahmen gibst und so garantierst, dass du deine Ziele erreichst:

NICHT
~~*Irgendwann werde ich die Hausarbeit schreiben.*~~

SONDERN
Heute schreibe ich von 18 Uhr bis 21 Uhr zwei Seiten meiner Hausarbeit.

S M A R T

spezifisch messbar attraktiv realistisch terminiert

Halte deine Ziele immer schriftlich fest! Wie oft hast du dir schon etwas vorgenommen und es dann nicht eingehalten? Immerhin bevölkern 60.000 Gedanken unser Hirn tagtäglich. Umso wichtiger ist es, dass du deine Ziele schriftlich festhältst!

Um es deutlicher zu machen: Wenn du einkaufen gehst und du dir alle wichtigen Lebensmittel aufgeschrieben hast, dann kaufst du a) nur diese Lebensmittel ein und b) du kaufst effektiv ein. Wenn du allerdings hungrig und ohne Zettel in den Supermarkt stürmst, dann ist dein Portemonnaie leer, aber dein Schrank voll mit Dingen, die du eigentlich gar nicht brauchst. Und genau so funktioniert es bei all deinen Zielen auch!

Eine Studie testete folgendes:
Was passiert, wenn du deine Ziele schriftlich fixierst? Die Gruppe, die ihre Ziele schriftlich festhielt, hatte am Ende eine deutlich höhere Erfolgsquote bei der Umsetzung der Ziele. Warum? Formulierst du deine Ziele nur im Geiste, dann gehen sie a) vergessen und b) nutzt du nur deine rechte Hirnhälfte. Schreibst du deine Ziele allerdings auf und priorisierst sie anschließend, so nutzt du beide Gehirnhälften. Damit signalisierst du deinem Unterbewusstsein die Ernsthaftigkeit deines Zieles.

Mache einen Vertrag mit dir selbst und bestärke dich darin, dass du diese Ziele auch wirklich einhältst.

Übrigens solltest du auch immer deine Erfolge notieren! Klar, es kostet viel Mühe und Kraft, aber du aktivierst so dein Belohnungssystem und das verwandelt dich in eine absolute Leistungsmaschine!

2.2 Am Anfang war das Chaos und am Ende...?

Am Anfang war das Chaos und seitdem hat sich dein WG-Zimmer nicht verändert. Seit dem Urknall-Einzug ist eine Sache immer gleich geblieben: Chaos und benutzte Teller.

Wie schaffst du es nun, deine Ziele zu erreichen, zum Beispiel die angetrockneten Ravioliresete vom Schreibtisch zu bekommen?

Wie du bereits an der SMART-Methode gesehen hast, funktioniert nichts ohne die nötige Organisation. Das heißt: Organisiere dich und halte Ordnung in deinem Lerntempel. Du musst priorisieren. Überlege dir einmal, was heute, morgen oder die restliche Woche wichtig ist. Zusammengefasst: Du brauchst einen Plan und ordnest die Dinge nach Zeit oder priorisierst nach der Wichtigkeit.

Eigentlich hast du ja noch genug Zeit. Während sich andere in einen Lernmarathon begeben, schiebst du noch eine ruhige Kugel. Und dann bricht doch die Panik aus. Auf einmal musst du alles gleichzeitig erledigen und bekommst nichts hin. Na ja, du hast immerhin drei Serien zu Ende geschaut, du Held! Du hast Facebook durch, Instagram ist auch leergesehen und bei YouTube könntest du als Synchronsprecher für Failvideos oder Schmink-Tutorials fungieren.

Bevor wir uns weiter mit dem Konzept Serien und Co. beschäftigen, widmen wir uns doch lieber den wirklich wichtigen Dingen: Du hast keine Zeit zu verlieren.

Gehe folgendermaßen vor:

1. Kreiere Chaos
Brainstorme zunächst. Schreibe alles auf, was dir in den Sinn kommt. Vom Geschenk für deinen besten Buddy bis hin zur Abgabe deiner Hausarbeit. Hier zählt einfach alles.[3]

2. Erstelle Systeme
Uni, Haushalt, Sport, Freunde etc.
Achte dabei darauf, dass du nicht mehr als 5 Systeme erschaffst, damit du den Überblick behältst und nicht ein Chaos an Systemen etablierst.

3. Ordne nun alle Punkte einem System zu
Das Geschenk für deinen Kumpel landet im System Freunde, die Abgabe der Hausarbeit im System Uni, etc.

4. Priorisiere dabei nach Dringlichkeit
Also oben das hinschreiben, wo es richtig brennt. Unten notierst du das, was noch Zeit hat. Dadurch erhältst du einen Überblick über deine Ziele. Wichtig ist immer: Formuliere deine Ziele nach der SMART-Methode und verschaffe dir eine Übersicht:

Kurz, knapp und konkret.

[3] Behalte aber Ruhe. Panisches Brainstorming bringt gar nichts.

2.3 A B C – So priorisierst du wie ein Heiliger

Du kannst zeitlich priorisieren oder du verwendest die ABC-Analyse. Damit hältst du dich nicht mehr mit unnützen Dingen auf, sondern fokussierst dich auf wichtige Anliegen. Dafür musst du allerdings analysieren und ehrlicher zu dir sein als bei der Beichte, denn jetzt schaust du, was wirklich einen Wert für dich hat und was totaler Unsinn ist.

Im Unterschied zu der zeitlichen Priorisierung ordnest du hier Werte der Nützlichkeit zu und das kann so aussehen:

Du definierst ein Ziel und ordnest alle Maßnahmen dafür unter A, B und C ein.

A-Aufgaben: Absolut elementare Aufgaben. Es sind die wichtigsten Aufgaben. Was muss ich unbedingt tun? Investiere hier viel Zeit.

B-Aufgaben: Wichtige, aber nicht enorm wichtige Aufgaben. Was sollte ich tun?

C-Aufgaben: Kleinkram. Was kann ich tun?
Wenig Zeit investieren.

So gehst du bei der ABC-Methode vor:

1. Was ist dein Ziel?
2. Wie wirken sich deine Handlungen auf dein Ziel aus? (Freizeitaktivitäten, Gewohnheiten und Lernstrategien.)
3. Welche Dinge musst du erledigen, damit du deine heilige Mission erfüllst?
4. Priorisiere die Dinge, die du tun musst nach A, B und C.
5. Fange mit den A-Aufgaben an!

Theorie ist gut, Praxis ist besser!
So sieht die ABC-Methode in der Praxis aus:

Liste mit Dingen, die du zu erledigen hast:
- *Vorlesung besuchen*
- *Notizen für eine Probeklausur zusammenfassen*
- *Kapitel 5 und 6 lesen*
- *Besuch im Fitnessstudio*
- *Geschenke für eine Feier kaufen*
- *Neuen Handyvertrag besorgen*
- *Termin bei der Bank*
- *Sprechstunde beim Professor besuchen*
- *WG-Zimmer aufräumen*

Jetzt kannst du die Punkte nach A, B und C ordnen:
(A) ***Vorlesung besuchen***
(A) ***Notizen für eine Probeklausur zusammenfassen***
(B) ***Kapitel 5 und 6 lesen***
(C) ***Besuch im Fitnessstudio***
(C) ***Geschenke für eine Feier kaufen***
(B) ***Neuen Handyvertrag besorgen***
(A) ***Termin bei der Bank***
(A) ***Sprechstunde beim Professor besuchen***
(C) ***WG-Zimmer aufräumen***

Achte darauf, worauf du deinen Fokus legst. In diesem Beispiel geht es um die nächste Uni-Klausur, alles andere wird diesem Ziel untergeordnet. Würdest du die Liste nun danach ordnen, dass du dein Privatleben auf die Reihe bekommst, dann sähe die Liste komplett anders aus:

(B) ***Vorlesung besuchen***
(B) ***Notizen für eine Probeklausur zusammenfassen***
(C) ***Kapitel 5,6 lesen***
(B) ***Besuch im Fitnessstudio***
(A) ***Geschenke für eine Feier kaufen***

(A) *Neuen Handyvertrag besorgen*
(A) *Termin bei der Bank*
(C) *Sprechstunde beim Professor besuchen*
(A) *WG-Zimmer aufräumen*

Überprüfe immer wieder, ob deine Prioritäten noch stimmen und aktuell sind. Mache dir immer wieder bewusst, was du unbedingt tun musst, denn dann verbesserst du dich stetig und erzielst großartige Erfolge.

2.4 Kreuzige alles Unwichtige

Was ist wichtig? So simpel die Frage ist, so schwierig ist die Antwort. Wenn du dich umschaust, dann ist ziemlich viel ziemlich wichtig: Verwaschene Konzertbändchen, die noch auf dem Regal liegen, Fotos von dem Expartner, Schulsachen, die du noch immer nicht weggeräumt hast.

Genauso ist es mit den Lerninhalten. Bevor du nun wild markierst und deine Unterlagen in einen markierten Regenbogen verwandelst, halte inne und sperre deinen Lernmessi einmal weg. Du hast nämlich zwei Möglichkeiten, wie du Unwichtiges von Wichtigem unterscheiden kannst:

Neben der Möglichkeit alles zeitlich und nach Wichtigkeit zu priorisieren, gibt es noch eine weitere und sehr effektive Methode. Unter anderem griffen die Römer auf sie zurück und kreuzigten ihre Feinde. Wobei du das nicht wortwörtlich nehmen solltest...

Erkenne deine Feinde, es sind die unwichtigen Ziele und Aufgaben, die dich immer belasten und sich dann melden, wenn du es am wenigsten brauchst. Nehmen wir an, du hast eine Menge zu tun und dein Schreibtisch quillt voller Aufgaben über, während du keinen blassen Schimmer mehr hast, was du überhaupt zu tun hast, und das bei mangelnder Zeit.

Sortiere die Aufgaben nach Wichtigkeit, und zwar nach **unmittelbarer** Wichtigkeit.

Hierbei fragst du dich kompromisslos:
Ist diese Aufgabe wichtig oder nicht wichtig? Ja oder nein?

Die Aufgabe ist wichtig, wenn die Aufgabe dich sofort weiter - und deinem Ziel näher bringt.

Die Aufgabe ist dringend, wenn sie nur zu und für einem bestimmten Zeitpunkt unmittelbare Wichtigkeit hat.

Daraus ergeben sich verschiedene Kombinationsmöglichkeiten, die du aus der Matrix entnehmen kannst, welche als Eisenhower-Prinzip bekannt geworden sind.

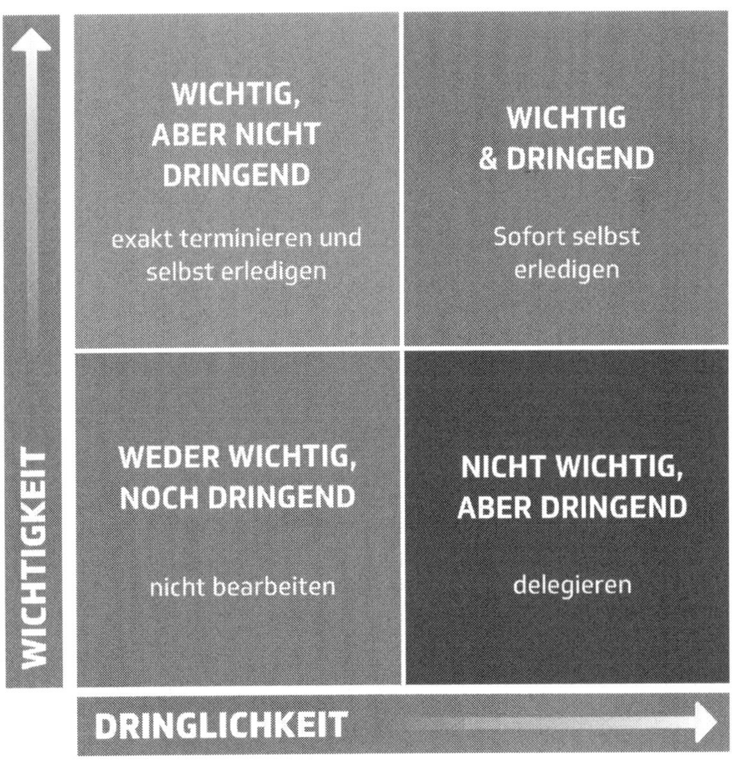

WICHTIG UND DRINGEND

Das sind die dringendsten und wichtigsten Aufgaben.

- Für die baldige Prüfung lernen
- Studienbeitrag bezahlen

WICHTIG, NICHT DRINGEND

- Neue Tasche kaufen
- Termin mit dem Professor vereinbaren

UNWICHTIG, DRINGEND

- Sportabo kündigen
- Zahnarzttermin

NICHT WICHTIG, NICHT DRINGEND

- Auf eine Party gehen
- YouTube-Videos reinziehen

Dringlichkeit und Wichtigkeit sind hierbei die beiden Schlüssel auf dem Kreuzzug zu besseren Noten. Natürlich sind die beiden heiligen Instrumente immer davon abhängig, was für dich im Fokus steht und in welcher Phase deines Studiums du dich befindest. Stehen unmittelbare Prüfungen an, dann ist die Dringlichkeit eine ganz andere als noch Wochen zuvor.

Dieses Konzept ist eine Läuterung deiner Prinzipien und treibt den Teufel deiner Faulheit komplett aus. Stell es dir vor wie in dem Film Exorzismus, du wirst dich vor Ärger mehrmals übergeben, doch am Ende stehen bessere Noten, ein optimiertes Zeitmanagement und die Erkenntnis deiner wahren Ziele.

2.5 Immer das nächste Ziel vor Augen

Du hast eine 1,0 in der Matheklausur zum Thema Algebra geschrieben. Die Überraschung ist dir selbst gelungen und am Abend knüppelst du dich auf der Party so richtig weg.[4]

Bier fließt in rauen Mengen, du tanzt die halbe Nacht durch und umarmst gefühlt die halbe Welt. Verdammt, du bist ein Genie! Eine 1 in Mathe! Während du am nächsten Tag aufwachst, die Welt sich wortwörtlich um dich dreht, legst du mit einem entspannten Tag nach. Das nächste Semester kann kommen, das Genie fürchtet schließlich nichts und niemanden!

Während du im nächsten Semester noch immer strahlst und jedem, der es nicht hören will, davon berichtest, dass Odysseus ein echter Amateur im Vergleich zu dir ist, weil... ***"Ich habe eine 1 geschrieben und weiß bis heute nicht, wie genau ich das geschafft habe, aber hey, kannst du dir das vorstellen? Ich. Eine 1!"***, verpennst du ganz offensichtlich, die aktuelle Vorlesung. Alle anderen schreiben mit und du und dein Geniekult, ihr verweilt noch immer bei der 1 aus dem letzten Semester. Während die Klausurenphase näher rückt, entfernst du dich immer weiter von deinen Zielen und dann kommt die entscheidende Nacht. Du sitzt vor deinen Unterlagen. Jedenfalls nennst du es Unterlagen. Die eine Hälfte fehlt, die andere Hälfte enthält unleserliche Hieroglyphen. Du verstehst weder die Rechenwege, geschweige denn, wie es soweit kommen konnte. Am nächsten Tag sagst du dir immer wieder, dass es schon laufen wird, immerhin hattest du in der letzten Klausur eine 1,0. Wochen später:

Du hast diese Katastrophe so gut es geht verdrängt und erhältst die Benachrichtigung. Du bist durchgefallen. Nicht einmal knapp, sondern komplett durchgerauscht. Du hast dein aktuelles Ziel verpasst. Game Over. Ende, aus, Mickey Maus. Schnipp Schnapp, der Lack ist ab. Was ist passiert?

---

[4] Natürlich erinnerst du dich nicht mehr am nächsten Tag daran, aber das Internet vergisst nie!

Du warst satt vom Erfolg, du hast dich selbst betrogen und keine neuen Ziele definiert. Ohne ein entsprechendes Ziel wirst du niemals konstant erfolgreich bleiben, sondern für immer ein One-Hit-Wonder.

Wird schon schief gehen...

Wird schon schief gehen, heißt nichts anderes, als dass es schief gehen wird. Verlässt du dich nur auf dein Talent und deine Fähigkeiten, wirst du kaum nennenswerte Erfolge vorweisen können. Egal, welches Genie du dir als Vorbild nimmst, sie alle haben eine Sache beherrscht: Ziele zu finden und diesen alles unterzuordnen.

ACHTUNG: Natürlich weißt du es, aber hier kommt die Wahrheit: Du musst lernen. Wirklich, kein Scherz. Auch die Genies mussten lernen, sie haben sich einfach in ihr Heiligtum gesetzt und gelernt, statt #foodporn Bilder für Instagram zu schießen.

#Brainporn

2.6 Die Macht großer Ziele

Weltherrschaft, die absolute 10 auf dem Campus erobern oder die nächste Statistikklausur bestehen. Wir alle haben größenwahnsinnige Ziele. Einige Studenten verfolgen diese Ziele, andere geben irgendwann auf und finden sich mit Socken, Sandalen und einem zu engen kurzärmligen Hemd in einer Behörde wieder.

Wie bereits bei der SMART-Methode festzustellen war, sollen deine Ziele realistisch sein. Doch was ist schon realistisch? Als Faustregel gilt: Setze langfristige Ziele lieber ein wenig „größenwahnsinniger" an, während du bei kurzfristigen Zielen, eher konservativ vorgehen solltest.

Die großen langfristigen Ziele kommen dir möglicherweise unerreichbar vor. Um nicht in Schockstarre zu fallen, solltest du das Ziel in kleinere und unmittelbare Ziele herunterbrechen.

Beispiel: ***Als mittelmäßiger Abiturient nimmst du dir vor, dein Studium mit einer 1 vorm Komma abzuschließen. Das klingt im ersten Moment unmöglich. Du brauchst immerhin fast konsequent Spitzennoten. Dein großes Ziel ist also eine 1, die kleinen Ziele sind sehr gute Klausuren, Hausarbeiten und Vorträge. Somit weißt du bereits zu Semesterbeginn, dass du auf einen bestimmten Schnitt kommen musst. Du unterteilst die gigantischen Ziele in kleine Einheiten. Somit hast du für einen gewissen Zeitraum diese eine gigantische Vision, die dich vorantreibt und für die du am Ball bleibst.***

Verschiebe deine Ziele

Damit du nicht in ein tiefes Loch fällst, solltest du dir immer noch ein weiteres Ziel vornehmen. Nehmen wir an, dass du viel Geld verdienen willst, sobald du mit deinem Studium fertig bist. Mache dir also eine Liste, was dazu führt, dass du nach dem Studium in einem Cabriolet sitzt und nicht beim Arbeitsamt.

Du unterteilst deine Ziele in kleine Happen verschiebst den Fokus immer wieder ein Stück weiter in Richtung Zukunft. Damit weißt du genau, was du als Nächstes zu tun hast.

Bucket List

Jeder Mensch hat Träume, die er sich erfüllen möchte. Manche wollen eine Weltreise machen, andere wiederum träumen vom Sportwagen oder dem perfekten Partner. Ein Leben, das so aussieht, als hätten sich die User von Instagram zusammengetan und all ihre schönen Fotos in ein Album mit dem Titel „Dein perfektes Leben" geklebt.

Mache dir eine Liste mit all den Zielen. Setze dich regelmäßig hin und überprüfe sie. Stimmen sie noch mit deinen jetzigen Erwartungen überein? Hast du sie bereits erreicht oder haben sie sich verändert? Mit der richtigen Fokussierung auf das Wesentliche wirst du deine Liste zum Großteil abarbeiten können. Gleichzeitig hast du aber immer Ziele, für die es sich lohnt zu arbeiten, zu lernen und zu leben.

Das falsche Ziel

Stell dir eine Landkarte vor. Du befindest dich in Berlin und willst nach Mailand. Mailand ist dein großes Ziel, von dem du ausgehst, dass es dich glücklich machen wird, denn all deine Freunde haben davon geschwärmt. Die Taktiken in diesem Buch sind dein Transportmittel, durch diese gelangst du schneller nach Mailand. Als du in Mailand ankommst, merkst du, dass die Stadt überhaupt nichts für dich ist. Die Pizza schmeckt nicht halb so gut, wie du dachtest, die Menschen ticken anders als du und das gute Wetter nimmst du nach wenigen Tagen nicht mehr bewusst wahr. Wie du Jahre später herausfinden solltest, ist deine Traumstadt Amsterdam, und dies nicht nur wegen des grünen Golds.

Statt dich deiner Traumstadt anzunähern, hast du dich durch deine konsequente Zielverfolgung, tatsächlich von ihr entfernt. Wenn dein wichtigster Wert Freundschaft ist, du aber einen Weg einschlägst, der mit 70-Stunden Wochen im Büro gepflastert ist, um möglichst viel Kohle zu scheffeln, wird es vermutlich schwierig, mit deinen

Freunden viel Zeit zu verbringen. Hinterfrage dich, was dir wirklich wichtig ist. Was sind deine Werte? Auf welches Leben würdest du als Rentner gerne zurückschauen? Sind es deine Ziele, oder wurden sie dir von deinen Eltern oder der Gesellschaft eingepflanzt? Mailand oder Amsterdam?

Zusammenfassung

Die SMART-Methode hilft dir dabei, dass du deine Ziele nicht nur kennst, sondern sie auch erreichst. **SMART** steht für spezifisch, messbar, attraktiv, realistisch und terminiert. Diese Methode verwandelt dich in ein wahres Effektivitätswunder. Du kannst entweder nach Zeit oder nach der ABC-Analyse priorisieren. Ordnest du deinen Lernstoff nach Zeit, schaust du, welche Dinge du unmittelbar erledigen musst. Ordne nach unmittelbarer Wichtigkeit, damit du auch nur die Sachen erledigst, die zählen.

- Reflektiere regelmäßig, ob deine Wünsche und Träume noch Bestand haben oder es an der Zeit ist, deine Pläne zu überprüfen, denn nur so bist du immer auf dem richtigen Weg.

Praxisaufgabe

1. Verpasse deinem inneren Schweinehund mit Hilfe der SMART-Methode einen Maulkorb. Suche dir ein bestimmtes Ziel und dann handele SMART!

2. Erstelle einen Zeitplan für das Lernen. Verfasse ihn so detailliert wie möglich.

3. Gehe nach der ABC-Methode vor.

4. Überprüfe deine Wünsche und Träume. Sind sie noch aktuell oder hast du mittlerweile etwas ganz Anderes im Blick?

AMEN.

KAPITEL 3

MOTIVATION, PILGERREISE ZUM ERFOLG UND NICHT IN DIE HÖLLE

Motivation kommt von dem lateinischen Wort...
Seien wir beide ehrlich, es interessiert niemanden! Keinen Studenten auf der Welt hat jemals ein lateinisches Sprichwort motiviert, geschweige denn eine Herleitung. Wenn dir das wirklich einmal passiert ist, dann lass uns teilhaben und maile an:

info@studentenbibel.de

Viel eher interessiert dich, wie du dich selbst motivieren kannst, und nicht, wer sich das Wort vor tausenden Jahren irgendwo in der Antike ausgedacht hat. Du kannst die besten Ziele auf dem Planeten, im Universum und die göttliche Erkenntnis haben, aber wenn du nicht die nötige Motivation hast, deine Ziele umzusetzen, dann wirst du am Ende immer scheitern.[1]

Stelle dir einmal diese Situation vor:
Du musst einen 10.000 Meter Lauf absolvieren. Wenn du motiviert bist, dann läufst du wie Forrest Gump, nur um am Ende dich und deine Motivation zu befriedigen. Bist du hingegen nicht motiviert, passiert folgendes: Nach 200 Metern fängst du bereits an zu gehen, du hast Seitenstechen und wirst nur noch auf Dinge achten, die dich in einer Sache bestätigen: 10.000 Meter zu laufen war eine wahnsinnig blöde Idee.

---

[1] Und du wirst es einfach nicht packen und du wirst bis in alle Ewigkeit wissen warum.

3.1 Warum du ohne Motivation aus dem Paradies fliegst

Du hast so lange ein Motivationsproblem, bis du ein Zeitproblem hast? Sprich: Wenn die Klausuren bevorstehen oder die Deadline für die Hausarbeit näher rückt, kommst du plötzlich in Gang und fragst dich nur ***„Warum habe ich nicht früher angefangen?"***.

Auf den letzten Drücker aktivierst du deine Ressourcen, allerdings nur wenn deine innere Einstellung stimmt und du überzeugt bist, deine Ziele noch auf wundersame Weise erreichen zu können. Hast du nicht den Glauben daran, dass du etwas wirklich schaffen kannst, dann hast du keine Motivation und fliegst aus deinem Paradies.

Beispiel:
Du sagst dir: ***„Wozu soll ich lernen, ich werde die Klausur sowieso nicht bestehen..."***. Stattdessen schaust du dir lieber hirnlose Videos im Internet an. Die Konsequenz: Die Prophezeiung erfüllt sich, weil du nicht richtig gelernt beziehungsweise bereits beim Lernen resigniert hast.

Gehst du stattdessen mit Trotz *(jetzt erst recht!)* und der richtigen Motivation an die Sache heran, dann erhöht sich die Wahrscheinlichkeit, dass du die Prüfung bestehen wirst. Was du brauchst, ist eine Initialzündung, etwas, dass dich ermutigt, endlich loszulegen. Wie du das schaffst? Indem du einen tröstlichen und motivierenden Aspekt an der Lernerei findest.

„Wenn ich das jetzt gelernt habe, dann... [Motivation einfügen]."
Es bedarf nur eines göttlichen motivierenden Funkens und schon kann es losgehen mit deiner Pilgerreise zur 1,0. Merke dir: Egal wie schlimm die Lage ist, egal wie lustlos du bist – finde einen positiven Aspekt, der deinen göttlichen Funken der Motivation entzündet[2].

---

[2] Du findest ihn sogar um 03.00 Uhr nachts: Dein Bett. Setze dir eine Frist und erst dann darfst du schlafen.

3.2 Stell dir vor, du wärst ein Gott

Stelle dir nur mal für einen Moment vor, du würdest die nächste Klausur mit voller Punktzahl bestehen. Du wärst die einzige Person von mehreren hundert Studenten, die es wirklich gerissen hat. Für alle wärst du ***der Gott***.

Was passiert? Du spürst auf einmal einen Anflug von Freude, jedenfalls dann, wenn du es dir richtig vorgestellt und diese Vorstellung mit allen Sinnen empfunden hast. Was würde als Nächstes passieren? Du würdest voller Selbstbewusstsein in die nächste Klausur gehen und erneut richtig lernen, schlicht und ergreifend, weil du genug Motivation und Selbstbewusstsein getankt hast.

Bevor ich jetzt weiterschreibe, etwas hält dich zurück, oder? Momentan sitzt oder stehst du gerade, blickst auf diese Zeilen und denkst: AHA.

Genau das ist der springende Punkt, du brauchst ein AHA-Erlebnis. Keine Sorge, du bist nicht allein: unmotiviertes Lernen, Prokrastination und andere lästige Angewohnheiten hat jeder Mensch. Die Frage ist nur, wie du damit umgehst und wie du es schaffst, dass du motiviert genug bist, die nächsten Ziele in Angriff zu nehmen.

Um in den absoluten Godmode zu kommen brauchst du eine Motivationstechnik: die göttliche Vision. Hierbei stellst du dir einen großen Erfolg vor, beispielsweise die Graduierungsfeier, bei der du gesondert geehrt wirst. Und jetzt gehst du Schritt für Schritt zurück. Du gehst also vom Ende zum Anfang zurück, so als würdest du einen Film rückwärts spulen. Das machst du so lange bis du zum Ausgangspunkt gelangst, dich also hier mit der Studentenbibel sitzen siehst.

Folgendermaßen kann solch eine Liste, die dir eine absolute Motivation bringt, aussehen, weil du dir nicht nur ein Ziel vorstellst, sondern auch den Weg dorthin:

- **Du erhältst eine 1,0**
- **Du sitzt im Hörsaal und schreibst die Klausur (Du bist ruhig und ausgeschlafen)**
- **Du wachst früh genug auf und hast keinerlei Stress**
- **Du schläfst tief und fest**
- **Du liegst im Bett, du bist entspannt und hörst Musik - Du gehst innerhalb einer halben Stunde alle relevanten Themen durch**
- **Du treibst Sport**
- **Du lernst alles Zusammengeschriebene**
- **Du schreibst alle Themen und wichtigen Infos zusammen**
- **Du sitzt in der Bibliothek und stöberst in Büchern und findest genau die Informationen, die du brauchst**
- **Du markierst grob die Vorlesungsinhalte und sortierst sie**
- **Du sichtest dein Lernmaterial**
- **Du ordnest alle relevanten Blätter und Bücher zu Hause**
- **Du sitzt an deinem Schreibtisch und visualisierst die zukünftigen Vorgänge**

Natürlich kannst du diese Liste viel ausführlicher und detaillierter gestalten. Du kannst dir genaue Daten, Uhrzeiten und Erlebnisse vorstellen, damit die Visualisierung noch lebendiger wird.

3.3 Der göttliche Tritt in den Hintern – Druck von außen

Der Urknall war der größte Tritt in den Hintern für das gesamte Universum. Ohne den Urknall würdest du heute nicht diese Zeilen lesen können. Und genau das brauchst du: einen kosmischen Tritt in den Hintern. Von dir selbst!

Deadlines sind von vielen gefürchtet, gleichzeitig werden sie unfreiwillig immer wieder benutzt, weil sie uns unmittelbar dazu anregen, in die Schaffensphase zu kommen.

Wie gestaltet sich so ein motivierender Tritt für dich?

Die Abgabefrist bei Hausarbeiten gehört zu der wohl größten Qual eines jeden Studenten und ist nicht umsonst der Läuterungsprozess schlechthin. Immerhin kommt sie meistens viel zu schnell und zugleich auch noch überraschend. Am Ende sitzt du die Nacht davor noch vor einem unstrukturierten Manuskript. Du versuchst, all den Sätzen auch noch Inhalt zu geben, während eine säuselnde Stimme in dir flüstert, dass so ein Attest auch keine schlechte Idee wäre. Genau das kannst du verhindern!

Mache dir zu Beginn des Semesters klar, wann du abgeben musst. Und dann fange an. Gehe dabei so vor, dass du dir die Deadline bereits eine Woche vor der offiziellen Abgabe setzt. Um es verbindlich zu machen, suche dir einen Freund, mit dem du eine Wette abschließt: Dass du bereits eine Woche vor dem Abgabedatum deine Hausarbeit in Druck gibst. Falls du es nicht schaffst, musst du dir eine Bestrafung setzen. Eine, die dir wirklich weh tut. Wenn du knapp bei Kasse bist, spendest du einen vorher definierten Geldbetrag. Um es noch krasser zu machen: Am besten an die politische Partei, die du überhaupt nicht leiden kannst oder den Verein deines Rivalen. Diese Verletzung deiner Werte würde doppelt weh tun. Diese Variante ist hardcore(!), aber du wirst überrascht sein, was du plötzlich alles erreichen kannst, sobald du verbindliche Ziele setzt.

Wichtig: Du musst es dann auch wirklich durchziehen. Gib am besten deinem Freund im Vorfeld schon das Geld und sage ihm, dass er es überweisen soll, wenn du dein Ziel nicht bis zur Deadline erreicht hast. Das entfacht einen „Jetzt erst recht-Moment". Du wirst trotzig. Immerhin geht es hier um deinen Ruf.

3.4 Der Druck von innen

Wem die äußere Deadline-Motivation zu krass (oder kostspielig) ist, der braucht einen inneren Druck, ein Arrangement mit sich und seinem Gewissen.

Du musst einen Pakt mit dir selbst schließen in Form eines absoluten Versprechens. Hierfür notierst du deine Abmachung:

„Ich werde die kommende Woche jeden Tag ein wichtiges Kapitel für die Hausarbeit schreiben. Erst danach kann ich meine Freizeit genießen."

Dieser Pakt mit dir selbst bindet dich und dein Gewissen an den Vertrag und du wirst Schuldgefühle bekommen, sobald du dich nicht daran hältst.

Wichtig: Schreibe dein Versprechen auf und setze wie bei einem Vertrag das Datum mit deiner Unterschrift hinzu. Damit machst du dein Versprechen verbindlicher. Schaue dir diesen Vertrag so oft wie möglich an, am besten direkt nach dem Aufstehen.[3]

[3] Falls du ihn brichst: Du bist verachtenswert! (:

3.5 Die absolute Deadline

Die härteste Methode ist die absolute Deadline. Hierbei kreuzigst du dich selbst und bist entweder ein Judas oder ein absoluter Heiliger. Schicke zum Beispiel, sobald du eine Hausarbeit abgeben musst, deinem Professor eine Mail, in der du ihm schreibst, dass du bereits 2 Wochen vorher die Hausarbeit abgibst. Somit bist du terminlich an das Datum gebunden und kommst nicht mehr so einfach aus der Situation heraus.

Hierbei spielt es immer eine Rolle, dass du
a) einer Person ein Versprechen gibst
b) du dich an eine Autorität wendest
c) du schon Tage oder Wochen davor diese Deadline für dich festlegst

3.6 Erst die Last, dann das Vergnügen

Du bist auf einer Party, aber im Hinterkopf hast du noch genug Aufgaben, die du eigentlich erledigen solltest. Ganz gleich, ob es sich dabei um einen Termin beim Zahnarzt, Briefe schreiben oder Hausarbeiten vorbereiten handelt.

Du schiebst diese lästigen Aufgaben bereits mehrere Tage vor dir her und je länger du wartest, desto größer wird die Last und desto kleiner wird dein Vergnügen. Was wäre, wenn wir dir sagen, dass du bereits am Morgen so viel schaffen kannst, wie du sonst nur innerhalb von einer Woche packst?

Denn es gibt eine Möglichkeit, die dir hilft, motiviert in den Tag zu starten und gleichzeitig äußerst produktiv zu sein. Wenn du unter Aufschieberitis leidest, dann ist diese Methode genau richtig für dich! Diese Methode besagt, dass du jeden Tag, gleich nach dem Aufstehen, eine lästige Pflicht oder Aufgabe abarbeiten sollst. Das führt dazu, dass du besser in den Tag startest und dein Motivationslevel immer höher wird. Somit erledigst du nicht nur schwierige Aufgaben, sondern auch die lästigen kleinen Dinge, die du sonst vergisst.

1. Notiere dir alle Aufgaben

Zahnarztbesuch, ein neues Semesterticket drucken, Bücher für deine Hausarbeit heraussuchen usw.

2. Priorisiere die Aufgaben nach Wichtigkeit

Nimm dir immer nur eine schwierige Aufgabe vor. Bei den einfachen Aufgaben (Müll rausbringen[4], Vorlesungsskripte sortieren etc.) kannst du ruhig mehrere Aufgaben übernehmen – so hast du die folgenden Tage weniger zu tun.

---

[4] Ergo: Deine halbe Wohnungseinrichtung.

3. Komme von der Theorie in die Praxis
Jetzt geht es darum, dass du ins Handeln kommst.
Du wirst eine Sache schnell bemerken:

In der Vorstellung wirken alle Aufgaben wie der Mount Everest: riesig und unüberwindbar. In Wahrheit ist es allerdings nur halb so schlimm. Sobald du deinen Schweinehund in das Nirwana gejagt hast und ins Handeln kommst, ist der Rest ein Kinderspiel. Stelle dir einen Wecker und gehe sofort nach dem Aufstehen in die Bibliothek, um die Bücher herauszusuchen. Sobald du sie hast: Streiche die Aufgabe von deiner Liste. Damit belohnst du dich quasi selbst. Rufe auf dem Rückweg bereits beim Zahnarzt an und vereinbare einen Termin. Somit hast du in weniger als einer Stunde zwei Aufgaben erfüllt, die du sonst wochenlang vor dir hergeschoben hättest.

4. Der Effekt
Oftmals malen wir uns alles wesentlich schlimmer aus, als es in Wirklichkeit ist. Menschen malen gerne Bilder der Qual und der Hölle in ihre Köpfe:

„Boah, jetzt in die Bibliothek fahren, anstehen, herumsuchen und dann sind die Bücher nicht da. Und den Zahnarzt muss ich auch noch anrufen."

Ziehe es durch und du wirst merken, dass der Aufwand in deiner Vorstellung wesentlich größer ist als in der Wirklichkeit!

Zusammenfassung

Suche dir immer einen positiven Aspekt für deine Motivation heraus, ganz gleich wie schlecht die Lage ist.

Entfache innerlichen oder äußerlichen Druck, damit du ins Handeln kommst. Oftmals helfen dir dabei Deadlines, die dich in eine Entweder-Oder-Situation bringen.

Erst die Last, dann das Vergnügen! Fange gleich morgens an, Dinge zu erledigen, so schiebst du sie nicht allzu lange heraus.

Praxisaufgabe

1. Schreibe dir 5 Dinge für den morgigen Tag auf. Setze eine Uhrzeit fest, bis wann du diese Dinge erledigt hast.

2. Fange am Morgen mit der unangenehmsten Aufgabe an.

3. Schreibe dir danach hinter jedes deiner Ziele einen positiven Aspekt.

4. Schließe mit einem Freund eine Wette, die Bezug zu deinen Zielen hat.

AMEN.

KAPITEL 4

MACHE AUS WASSER WEIN: EFFIZIENTES LERNEN MIT MNEMO-TECHNIKEN

Jesus konnte Dämonen austreiben, Lahme wieder zum Laufen bringen und aus Wasser sogar Wein machen![1] Des Studenten Wunder sind andere: Feiern gehen und die Vorlesung am nächsten Morgen besuchen, das Vor- und Nachbereiten von Tutorien und das halbjährliche Auskotzen des gigantischen Bergs an trockenstem Uni-Stoff in der verfluchten Klausurenphase. Bei Letzterem gibt es Hilfe! Aus schnöden Infos machen wir zusammen einen bunten Cocktail. Aus Wasser Wein! Und sogar aus dir einen Top-Studenten!

4.1 Wie dir beim Lernen (nicht) die Decke auf den Kopf fällt

Wäre das Gehirn ein frischgewordener Single, dann wären reine Informationen für das Hirn, in etwa so attraktiv wie eine Silvesterfeier nur mit Pärchen. Im Wellness-Hotel. Mit der neusten Edition von Kuschelrock im Hintergrund. Geschichten, Assoziationen und bunte Bilder hingegen würden auf das Gehirn wirken, wie der unschuldige Flirt im Sommerurlaub in Spanien, mit Julio, dem fleischgewordenen Traum einer jeden Frau.

Beispiel gefällig?
Rom wurde der Legende nach 753 v. Chr. gegründet. Die Zahl kannst du dir nicht merken und Rom ist zwar ein Urlaub wert, aber für dich noch lange kein Studium. Diese Information weckt in dir keine Begeisterung und kein starkes Bild. Nehmen wir an, dass du während deines Auslandssemesters im Studentenwohnheim das Zimmer Nr. 753 bewohnt hast. Plötzlich hat diese Zahl eine ganz andere Bedeutung für dich! Du verbindest mit der Zahl auf einmal Emotionen und erinnerst dich an eine neue Kultur, Freunde aus der ganzen Welt und verrückte Partys.

---

[1] Was für einen Wein wurde im Testament leider nie erwähnt. Hoffen wir, dass es nicht das Tetrapak-Gesöff war, das nur Kopfschmerzen hinterlässt.

Was bedeutet das für das Lernen und Speichern von „klausurrelevantem“ Stoff? Ganz einfach: Wir müssen die schnöden Informationen nehmen und sie komplett auf den Kopf stellen. Wir müssen sie transformieren!

Eine der ersten Techniken zur Transformation des Wissens entwickelte der Poet Simonides von Keos – jedoch mehr durch Zufall als durch bewusste Anstrengung. Ich könnte dich nun mit einer langen Geschichte eines Festbanketts langweilen[2], den Göttern Kastor und Pollux, da du aber schon Probleme hast dich für das Studium zu motivieren, komme ich lieber gleich zum Punkt:

Bei diesem Festbankett brach die Decke ein. Nur Simonides war gerade draußen, vermutlich zur Raucherpause. Die Verunglückten wurden durch den Zusammensturz des Dachs so stark entstellt, dass die Angehörigen bei der Leichenidentifizierung hoffnungslos überfordert waren. Simonides konnte sich hingegen an die Reihenfolge erinnern, in der die Angehörigen beim Festschmaus zusammensaßen. So konnte er den Angehörigen bei der Identifizierung helfen.

Was lernen wir daraus?
1. Raucherpausen können dir das Leben retten.
2. Erinnerungen lassen sich örtlich einordnen!

---

[2] So wie all unsere Probeleser. Sorry, dass ihr da durch musstet.

4.2 Die Kunst des Erinnerns – Mnemotechniken

Simonides begriff, dass er sich durch die Reihenfolge, in der die Teilnehmer gesessen hatte, nicht nur besser an jeden Einzelnen erinnern konnte, sondern auch schneller. Der tragische Unfall hatte die Erkenntnis offenbart, dass es Techniken gibt, durch die wir Informationen besser speichern können: Die Mnemotechniken waren geboren!

Mnemotechnik bedeutet auf Neudeutsch „Gedächtniskunst". Während wir in der Schule oft stur auswendig gelernt haben (Stichwort: Bulimielernen), werden bei Mnemotechniken sieben Prinzipien genutzt, die das Auswendiglernen von Inhalten erleichtern:

Assoziation, Fantasie, Visualisierung, Transformation, Logik, Emotionen und Lokalisation.

Assoziation

Das Verbinden neuer Informationen untereinander oder mit bekannten Informationen.

Beispiel:

Bekannte Information:

Du weißt, dass das legendäre Woodstock-Festival 1969 stattfand.

Neue Information:

Die Mondlandung von Neil Armstrong und Buzz Aldwin fällt auch auf das Jahr 1969.

Diese beiden Informationen verbindest du.

Durch Fantasie und Visualisierung.

Fantasie

Geschichten und bunte Bilder sind für das Gehirn einfacher zu speichern als pure Zahlen und Fakten. Mit Hilfe deiner Fantasie kannst du Informationen für dich greifbarer machen.

Du könntest deine Fantasie spielen lassen, und konstruieren, dass zehntausende Hippies auf dem Woodstock-Festival die Mondlandung live auf einer riesigen Leinwand verfolgt haben. Vielleicht fällt dir auch noch etwas zu der Zahl „69" ein, was du in die Geschichte einbinden kannst.

Hinweis: Dass das Woodstock-Festival einen guten Monat später stattfand, ist für das Einspeichern in diesem Beispiel irrelevant. (Siehe „Konzept der Scheinlogik" in Kapitel 4.6)

Visualisierung

Durch die Visualisierung von Informationen wanderst du von der reinen trockenen Sachebene, in eine Betrachterposition, die aufregend ist. Du siehst die Situation mit eigenen Augen und versuchst sie mit allen Sinnen zu empfinden. Du stellst dir vor wie du auf dem Woodstock-Festival warst und inmitten der Menschenmenge, die Mondlandung betrachtet hast.

Transformation

In unserem Woodstock-Beispiel hast du die Informationen bereits in eine Geschichte transformiert. Weitere Möglichkeiten der Transformation sind es Zahlen in Wörter zu transformieren, eine große Anzahl an Informationen, in kleinere Einheiten zu unterteilen oder Eselsbrücken zu nutzen.

Logik

Die Logik ermöglicht es dir, Strukturen zu erkennen und den Stoff tiefergehend zu erfassen. Wenn du eine Theorie logisch verstehst, kannst du dir Dinge herleiten, die du so vielleicht nie gelernt hast. Bestes Beispiel hierfür sind die berühmt berüchtigten – und meist verabscheuten – Transferaufgaben.

Emotion

Der erste Kuss, ein Unfall oder die schlaflosen Nächte der ersten Klausurenphase: Erinnerungen mit starken Emotionen bleiben besser im Gedächtnis. Kombinierst du Informationen mit starken Bildern, die eine emotionale Reaktion hervorrufen, bleiben diese Informationen deutlich länger und stärker gespeichert. Hättest du das Woodstock-Festival mit deinen Freunden live verfolgt, hättest du starke Bilder im Kopf.[3] Folglich macht es Sinn, sich vorzustellen, man wäre dabei gewesen, um zu emotionalisieren.

Lokalisation

Simonides verband die Informationen der Teilnehmer mit der Sitzordnung beim Abendessen. Er lokalisierte Informationen und war so in der Lage, diese besser abzurufen. Die Sitzordnung strukturierte darüber die Informationen, er wusste nicht nur, wer alles anwesend war, sondern auch, wer neben wem saß.

Wie du bereits siehst, sind die einzelnen Mentalfaktoren nicht getrennt zu sehen. Sie entfalten ihre volle Wirkung erst im Zusammenspiel. Dies verdeutlicht auch folgender Merksatz zu den 7 Mentalfaktoren:

„All Factors Lead To Very Efficient Learning"

---

[3] Aber hey, wer braucht schon das Woodstock-Festival? Wir haben immerhin den WM-Sieg 2014 live verfolgen können. Und das 7:1 gegen Brasilien. Funfact: In Brasilien bedeutet das 7:1, dass man einen richtig miesen Tag hatte.

4.3 Hello Hollywood - Du bist Regisseur und Hauptdarsteller zugleich

Die 7 Mentalfaktoren - allen voran die Fantasie - erfordern, dass du kreativ werden musst. Suche nach Inspiration nicht in der weiten Ferne, sondern in deinem (noch) langweiligen Skript. Werde zum Regisseur deiner Studieninhalte! Und die Hauptrolle für den neuen Blockbuster „How to not fuck up your studies" übernimmst du auch gleich noch!

Worum geht es?
Du nimmst dir ein Studienfach und kreierst eine Storyline. Für welches größere Ziel lernst du?[4] Inwiefern sind die jeweiligen Kapitel der Vorlesung für dich als Hauptfigur wichtig? Wie sieht das Happy End aus?

Beispiel:
Wir nehmen das Modul Rechnungswesen, in welchem du die Grundlagen der Buchführung lernst. Gähn, langweilig! Wirklich?

Zeit für dein Drehbuch:

Die deutsche Regierung gibt bekannt, dass der Anbau und Verkauf von Cannabis zum neuen Jahr legalisiert wird. Du gründest mit deinen zwei besten Freunden ein Startup, um in dem entstehenden Markt Fuß zu fassen. Du bist nicht nur der charismatische Leader des Unternehmens, sondern hast zudem die ehrenvolle Aufgabe, die Finanzen zu überwachen.

---

[4] Tipp: Niemand will einen Film sehen, in welchem die Hauptrolle studiert, um 6 ETCS zu bekommen.

Wenn der Professor von "Materialkosten" spricht, hast du nun ein konkretes Bild vor den Augen. Weil ihr das Cannabis in einer großen Lagerhalle züchtet, braucht ihr künstliches Licht. Die Materialkosten spiegeln in diesem Fall, die Leuchtstoffröhren wider, die ihr vor kurzem angeschafft habt.

Die Leuchtstoffröhren werden nicht ewig halten, deswegen müsst ihr sie abschreiben. Welche Abschreibungsformen gibt es? Welche Form der Abschreibung hat welche Auswirkungen auf den Jahresbericht? Schließlich wollt ihr zum Ende des Jahres ordentlich Kohle bei den Investoren einsammeln, um die Expansion in Europa voranzutreiben. Deutschland reicht euch nicht!

Durch ein solches Drehbuch sorgst du dafür, dass deine Module persönliche Relevanz entwickeln. Es fällt dir leichter, dich zu motivieren und du wirst die Inhalte effizienter aufnehmen, weil du dich mit dem Studienstoff tiefer auseinandersetzt.

Im nächsten Schritt zeigen wir dir konkrete Mnemo-Techniken, durch welche du dein Drehbuch weiter ergänzen kannst, sodass dem Oscar nichts mehr im Weg steht.

4.4 Die Loci-Methode – Viele Wege führen nach Rom

Back to the roots – kommen wir noch einmal zu unserem Gelehrten Simonides zurück: Simonides begriff, dass er sich durch die Reihenfolge, in der die Teilnehmer gesessen hatten, nicht nur besser an jeden Einzelnen erinnern konnte, sondern auch schneller: Nicht nur die Mnemotechnik war geboren, sondern mit ihr die LOCI-Methode!

Simonides konnte sich an die Teilnehmer und ihren Platz im Raum deutlich erinnern. Er hatte jeder Person einen Sitzplatz zugeordnet, jeder Information damit einen konkreten Ort gegeben und dort gedanklich abgelegt! Das ist die Grundlage der **Loci-Methode: Die Zuordnung eines festgelegten Platzes für jede einzelne Information!** Das Schöne dabei: Dieser Platz kann fast alles sein. Du könntest gedanklich Informationen im Esszimmer deiner Familie ablegen oder auf deinem alten Schulweg. Wir zeigen es dir anhand eines einfachen Beispiels.

Für dein Politik-Studium musst du dir die G7-Staaten merken.[5] Diese sind Deutschland, Frankreich, Italien, Japan, Kanada, das Vereinigte Königreich und die Vereinigten Staaten. Für die Loci-Methode brauchst du eine konkrete Route, die du gedanklich abläufst. Als Beispiel nehmen wir den Weg von der eigenen Wohnung zum Bahnhof:

Es ist Sommer. Die Weltmeisterschaft findet statt und du willst zum Public Viewing. Bevor du die Wohnung verlässt ziehst du dir dein **Deutschland**-Trikot an. Du läufst los und biegst nach links zur Hauptstraße ab. Nach etwa 100 Metern siehst du den Bäckerladen Meier. Du betrittst den Bäckerladen in der Hoffnung auf ein leckeres belegtes Brötchen, doch der Bäcker hat nur noch **französische** Crois-

---

[5] So etwas würde im Politik-Studium nie drankommen?! Sorry, du Model! Ich habe kein Politik studiert. Hier geht es um den Beispielcharakter und als Top-Autoren ist dieses natürlich nah an der übergeordneten Thematik des Buches dran. Ja, ich habe mir etwas dabei gedacht. Zugegeben: Nicht extrem viel, aber immerhin ein bisschen!

sants und Baguettes. Ein älterer Mann mit blondierten Haaren ist schockiert über das mangelhafte Angebot und schreit mit **amerikanischem** Akzent: „I call it fake news! Ich will einen Donut!". Du verlässt den Bäckerladen wieder und biegst nach rechts in eine Seitenstraße. Hier ist es etwas ruhiger, an der Straßenecke befindet sich ein gepflegter Garten. So gepflegt, dass nur Senioren mit zu viel Zeit sich diesem Garten angenommen haben können. Deine Vermutung wird bestätigt. Mehrere Rentner sitzen auf Gartenstühlen, eine sieht aus wie die Queen persönlich. Sie haben ein Service auf dem Tisch stehen und stoßen mit den Teetassen an: „Tea-Time bitches!".

Du nickst ihnen zu und biegst nach links ab. In weiter Ferne siehst du bereits den Bahnhof. Ab jetzt nur noch gerade aus. Hier tummeln sich die Restaurants. Die Tür des **japanischen** Sushi-Ladens wird aufgestoßen und ein Mann mit Tränen in den Augen schreit: „Wasabi nur getan?!" und rennt in Richtung des Brunnens, um seinen Kopf ins Wasser zu stecken. Verwirrt setzt du deinen Weg fort. Du passierst den Dönerladen sowie das Gasthaus zum Löwen. Bei der Pizzeria Romana bleibst du stehen und nimmst den intensiven Pizza-Duft aus der Küche wahr. Du hörst den Pizzabäcker auf **Italienisch** fluchen und machst dich schnell aus dem Staub. Du bist inzwischen am Bahnübergang angekommen. Die Autos stehen, aber nicht etwa, weil die Schranken unten sind, sondern weil eine Gruppe von **(kanadischen) Hirschen** auf den Gleisen steht. Vorsichtig gehst du an dem Rudel vorbei, um nicht attackiert zu werden. Wenige Minuten später steigst du in die Bahn. Um die Informationen zu den G7-Staaten abzurufen, musst du nur den Weg von deiner Wohnung zum Bahnhof ablaufen. Die jeweiligen Stationen erinnern dich an die Mitgliedsstaaten. In dieser Geschichte sind sie nicht willkürlich gewählt. Die Hirsche erscheinen beispielsweise als Letztes, da Kanada der letzte Beitrittskandidat der G7 war.

Du könntest die Geschichte noch ausbauen, indem dir am Bahnhof beispielsweise ein Betrunkener mit einer Vodka-Flasche begegnet, der davon spricht, dass der Zug ausgefallen ist. Dies würde dich daran erinnern, dass Russland, Teil der G8 war. Zudem wurde die Geschichte möglichst unterhaltsam beschrieben, weshalb der Mann aus dem Sushi-Restaurant „Wasabi nur getan" schreit. Durch solche Details bleibt die Geschichte besser im Kopf und ist leichter abzurufen.

4.5 Wenn aus Zahlen Wörter werden – Die Major-Methode

Vielleicht kommt dir das folgende Szenario bekannt vor: Deine Stalker nerven dich ähnlich stark wie die Konditionen deines Handyvertrags. Eine neue Nummer muss her! Du rennst in den Handyladen, setzt die SIM-Karte ein und gibst deine neue PIN ein. PIN ändern? Diese vier Ziffern werde ich mir doch wohl selbst merken können! Einige Tage später kommt der Moment der Wahrheit: Du musst dein Handy neu starten und bist nicht zu Hause, um in deinen Unterlagen nach deiner PIN zu schauen. Einmal falsch, zweimal falsch. Bei der dritten Eingabe fühlst du dich wie der Hauptdarsteller in einem schlechten Actionfilm, der langsam den Geheimcode eingibt, der entweder die Bombe zum Platzen bringt und die ganze Welt lahmlegt, oder der mit nur vier Ziffern zum Helden wird. Mit der Major-Methode wirst du nie wieder das Problem haben, wichtige Ziffern zu vergessen. Für die Uni bedeutet das: Wichtige historische Daten sind in deinem Kopf ähnlich sicher, wie die Tonnen Gold im Fort Knox. Garantiert!

Wie du bereits gelernt hast: Das Gehirn mag bunte Bilder und keine pure Information. Nehmen wir die Zahl 194 – welches Bild hat unser Gehirn dazu? Vermutlich keins! Was bedeutet das für den Lernprozess? Wir müssen die Zahl so transformieren, dass aus ihr ein gehirngerechtes Bild wird. Hierbei hilft die Major-Methode (auch Master-Methode genannt), die aus Zahlen anschauliche Wörter macht!
Grundlage der Major-Methode ist, dass jeder Zahl ein Buchstabe zugeordnet wird.

NUMMER	BUCHSTABEN	MERKREGEL
0	z/s/ß/c (weich)	0 ist auf Englisch zero.
1	t/d/th	1 sieht ähnlich aus wie **t**.
2	n	**n** hat zwei Striche nach unten.
3	m	**m** hat drei Striche nach unten.
4	r	Vier endet mit einem r.
5	L	L erinnert an die römische **50**.
6	sch/ch/j	6 wie Säch**sisch**.
7	k/g/ck	Die 7 ist eine **Glück**szahl.
8	f/v/w/ph	V wie **V8**-Motor.
9	p/b	Wenn man die 9 auf den Kopf dreht, wird aus ihr ein **b**.

Wie du vielleicht bereits erkennst, finden sich in dieser Liste keine Vokale. Vokale werden im Major-System genutzt um die Buchstaben (beziehungsweise Zahlen) zu verbinden.

Als Beispiel hierfür: Es gibt 194 verschiedene Länder auf der Welt (Stand: 2019). Diese Information willst du dir merken. Du zerlegst die 194 in die Buchstaben des Major-Systems, die wie folgt gewählt sind: t/d, p/b und r. Diese Buchstaben füllst du nun mit Vokalen, die ein Wort ergeben. Beispielsweise: Tupper (wie bei Tupper-Parties) oder der Tapir (ein Säugetier).[6]

Profis gehen so vor, dass sie für alle Zahlen von 0 bis 99 ein Wort haben, das einem Bild entspricht.

0 = Oase
1 = Tee
2 = Uno (Das Kartenspiel)
3 = Oma

... Diese können sie dann beispielsweise auf einer Route mit der Loci-Methode ablegen.

---

[6] Hinweis: Das Major-System ist phonetisch und nicht orthografisch gedacht. Wenn der gleiche Konsonant zwei Mal hintereinander folgt (beispielsweise: Doppel, fett, dumm, Schatten), spiegelt dies nur **eine** Zahl wider! Deswegen hier auch Tupper.

HIER IST EIN DOWNLOAD!

Exklusiver Bonus-Content auf

downloads.studentenbibel.de

Eine Liste mit Bildern für die Zahl 0-99 findet ihr in unserem Downloadbereich unter downloads.studentenbibel.de

Doch zurück zu unserem Beispiel: Wie merkst du dir nun, dass Tapir oder Tupper, mit der Anzahl der Länder in Verbindung steht?

Hier ist wieder Kreativität gefragt: Stelle dir eine Weltkarte vor, die voller kleiner Tapire ist. Oder nutze das Konzept der Scheinlogik!

4.6 Verarsch dich selbst – Nutze die Scheinlogik

Beim Lernen ist es von großem Vorteil, ein Konzept logisch zu verstehen. Falls dies aber nicht möglich ist, hilft es für sich selbst eine „Scheinlogik" aufzubauen. Wir gaukeln unserem Gehirn also vor, dass etwas „logisch" wäre, und speichern so die Information ab. Nehmen wir beispielsweise das zuvor bespielte Wort „Tupper" und die Anzahl der Länder. Bestimmt kennst du einen Tupper-Fan.

Nun stell dir vor, dass diese Person, eine Weltreise macht und Tupper-Partys auf der ganzen Welt anbietet, um aus dem Alltag zu entfliehen. Logisch, oder? Plötzlich hast du wieder ein witziges Bild im Kopf, dass dein Gehirn viel besser verarbeiten kann, als die einfache Zahl 194. Ob diese Info der Wahrheit entspricht oder reine Fantasie ist, spielt hierbei keine Rolle.

4.7 Die Macht der Eselsbrücken – Wie aus neun Planeten der Nachthimmel wurde

Jesus ritt nicht auf einem Pferd in Jerusalem ein, sondern auf einem Esel. Dieser war vielleicht nicht so schön wie ein Pferd, aber er erfüllte seinen Zweck. Er verursachte keine großen Kosten und beförderte ihn von A nach B. Was brauchte man mehr? Nicht viel, wie sich zeigte. Als er die Tore Jerusalems durchquerte, jubelten ihm die einfachen Menschen wie einem Rockstar zu. Ein Rockstar auf einem Esel!

So wie Jesus sich nicht die Mühe machte, ein kräftiges Pferd zu finden, sondern den erstbesten Esel bestieg, kannst du dir beim Lernen ohne große Anstrengung Informationen behalten. Statt sturem und monotonem Auswendiglernen kannst du nutzen, was du schon in der Kindheit gelernt hast: Eselsbrücken. Den Satz *„Mein Vater erklärt mir jeden Sonntag unsere neun Planeten"*, hast du vielleicht in der

Schule gelernt. In der Eselsbrücke geht es um unser Sonnensystem und die Planeten Merkur, Venus, Erde, Mars, Jupiter, Saturn, Uranus, Neptun und Pluto. Der Merkspruch hilft uns nicht nur sämtliche Planeten wieder abrufen zu können, sondern enthält sogar ihre Reihenfolge im Sternensystem! Angefangen bei Merkur, dem der Sonne nächsten Planeten, bis hin zu Pluto, dem der Sonne am weitesten entfernten Planeten. Doch, Moment mal! Im Jahr des Sommermärchens 2006 wurde Pluto doch tatsächlich der Planetenstatus abgesprochen! Er sei zu klein und daher nur ein Zwergplanet! Bedeutet das, der altbekannte und geniale Merkspruch kann in die Tonne? Nein, er wurde lediglich umgedichtet. Die Generation Z lernt es wie folgt: ***„Mein Vater erklärt mir jeden Sonntag unseren Nachthimmel."***

Das Beispiel der Sonnensysteme zeigt, welche Macht Eselsbrücken haben können. Nicht wirklich neu, oder? Das Gehirn lernt bekanntlich durch Wiederholung. Und Merksätze scheinen so trivial, dass die letzten Jahre zu wenige Eselsbrücken gebaut wurden. Schluss mit dem Baustopp! Errichte die Golden Gate der Eselsbrücken und greif die guten Noten ab![7]

4.8 Wiederhole den Stoff und nicht das Semester!

All diese Techniken nutzen nichts, wenn du sie nicht regelmäßig wiederholst. Der deutsche Psychologe Ebbinghaus führte Ende des 19. Jahrhunderts einen Selbstversuch durch. Er lernte sinnlose Silben auswendig und maß, wie viele dieser Silben er sich noch behalten konnte. Er stelle fest, dass er nur 20 Minuten nach dem Lernvorgang bereits 40% des Gelernten vergessen hatte! Nach einer Stunde waren es bereits 55% und einen Tag später hatte er schon 66% des Gelernten vergessen. Das Experiment von Ebbinghaus zeigt eindrucksvoll, dass wir schneller vergessen, als uns lieb ist. Und wer kennt das Gefühl nicht, sich direkt nach einer Vorlesung bereits zu fragen, was man gerade eigentlich gelernt hat?

---

[7] Lass dir dabei aber bitte nicht so viel Zeit, wie der deutsche Staat mit dem Bau des Berliner Flughafens, sonst ist dein Freiflug in die Hölle garantiert. Ohne Bonus-Meilen!

Die Vergessens-Kurve

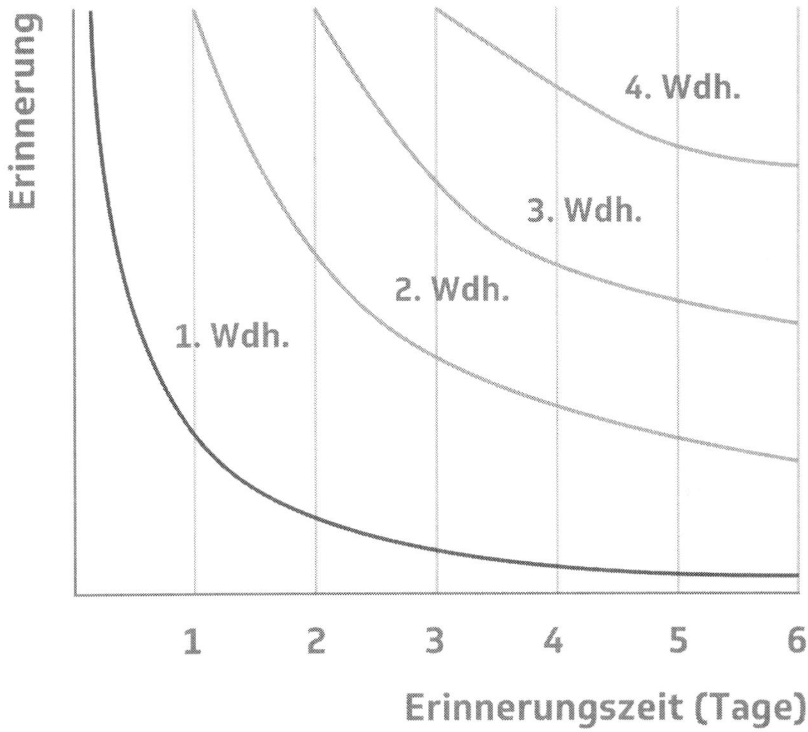

Deshalb der Tipp: Wenn du keine Zeit hast alle Folien der Vorlesungen direkt nach der Vorlesung nochmal zu überfliegen, frage dich: Was waren die drei wichtigsten Dinge, die du in dieser Vorlesung gelernt hast?

Zum wiederholten Lernen von Wissen eignen sich Karteikarten hervorragend. Viele machen hier den Fehler, diese stur der Reihe nach zu lernen. Sturheit zahlt sich beim Lernen nie aus. Auch wenn du das Gefühl hast, dass du unbedingt alles der Reihe nach lernen musst: Nein! Es ist ineffizient, denn es wird sinnlos Zeit für Karteikarten verschwendet, die du bereits gut kannst. Du brauchst ein einfaches System! Hierzu legst du fünf Fächer für deine Karteikarten an. Jedes Fach symbolisiert deinen Lernstand für die Karten in dieser Rubrik.

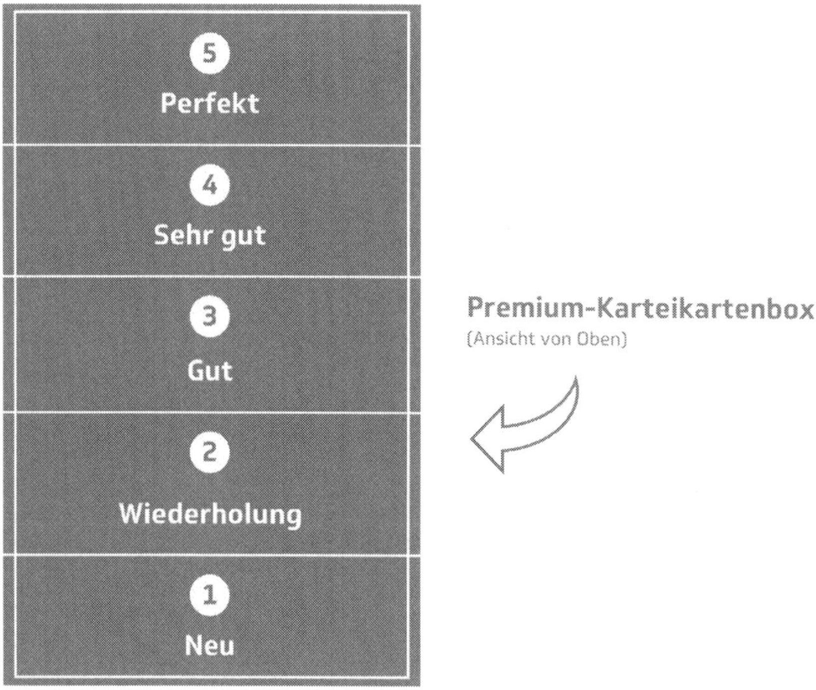

Fach 1 – Neue Karteikarten

Hier kommen alle Karteikarten rein, die du vorbildlich angefertigt hast, aber noch nicht lernen konntest. Diese lernst du, sobald du Zeit hast, und ordnest sie danach einem der übrigen Fächer hinzu. Hierbei ist entscheidend, dass du sie dir auf jeden Fall die nächsten Tage durchliest und lernst. Sonst hast du bald ein ganz tolles Archiv an Karteikarten, aber noch immer keine Ahnung.

Fach 2 – Wiederholungsbedarf

In diesem Fach sind Karteikarten, die du mit Ach und Krach im Kopf behalten kannst. Diese solltest du alle 1 bis 3 Tage selbst wiederholen. Bei der Wiederholung gehst du wie folgt vor: Behältst du dir die Info, bleibt sie im Fach 2. Behältst du sie auch noch beim nächsten Vorgang im Gedächtnis, wandert die Info in das dritte Fach. Kannst du die Info nicht wiedergeben, schiebst du die Karteikarte wieder in das Fach 1 (neu).

Fach 3 – Gut

Diese Karten solltest du in etwa 1 Mal pro Woche lernen. Wie bereits zuvor, wandern die Karteikarten ein Fach weiter - in Fach 4 - sofern du dir die Infos in zwei Durchgängen in Folge behalten kannst. Sollte dies nicht der Fall sein, wandern sie wieder in Fach 2.

Fach 4 – Sehr gut

Diese Karten prüfst du einmal pro Monat. Du gehst nach dem gleichen System wie bei Fach 2 und 3 vor.

Fach 5 – Perfekt

Diese Karteikarten überprüfst du jedes Vierteljahr.[8]

Das Karteikartensystem lebt von der Wiederholung. Der Montag könnte beispielsweise dein Startpunkt für die Wiederholung neuer Vokabeln sein. Das Ziel dieses „Spiels“ ist es langfristig, möglichst viele Karteikarten in Fach 5 zu befördern. Das kannst du mit einer Belohnung verbinden. Für fünf neue Karteikarten in Fach 5 könntest du dich mit einer Folge Netflix, oder was auch immer dir gefällt, belohnen.

Das Schreiben von Karteikarten kann nervig sein, mach es dir deshalb zur Aufgabe, nach jeder Vorlesung die Karteikarten zu schreiben. Dadurch wiederholst du nicht nur den Stoff, sondern unterteilst das Vorhaben in kleine Häppchen. Wenn die Vorlesung langweilig ist – du aber Anwesenheitspflicht hast – nimm die Karteikarten mit in die Vorlesung und schreibe sie, sobald etwas „Spannendes“ aufkommt.

---

[8] Für Studenten bedeutet dies, dass du die Karteikarte vermutlich nie wieder prüfen wirst, da die Klausur dann schon geschrieben ist ;)

Zusammenfassung

Durch Mnemo-Techniken können Informationen so transformiert werden, dass sie besser in das Langzeitgedächtnis gelangen können. Die 6 Mentalfaktoren (Merksatz: All Factors Lead To Efficient Learning) Assoziation, Fantasie, Lokalisation, Transformation, Emotion und Logik entfalten im Zusammenspiel ihre volle Wirkung. Sie bieten die Möglichkeit, trockenen Stoff anschaulicher zu machen und “gehirngerecht” zu verarbeiten. Beispiele für Mnemo-Techniken sind die LOCI-Methode, die Major-Methode sowie Eselsbrücken.

Praxisaufgabe

1. Die Freiheitsstatue hat eine Höhe von rund 93 Metern. Die Zahl 93 entspricht in der Major-Methode den Buchstaben p/b für die 9 sowie dem m für die 3. Verbinde diese Info mit dem Konzept der Major-Methode und dem Konzept der Scheinlogik. Welches Wort kannst du im Stil der Major-Methode mit der Freiheitsstatue verbinden?

2. Schreibe dir für den nächsten Supermarkt-Einkauf keine Liste, sondern gehe anhand der Loci-Methode eine Route ab.

3. Schreibe dir nach jeder Vorlesung die drei wichtigsten Erkenntnisse auf. Schaue dir diese vor der nächsten Vorlesung erneut an.

AMEN.

KAPITEL 5

PRODUKTIV WIE JESUS

Wenn du einmal durch das Neue Testament blätterst, dann wirst du feststellen, dass Jesus in der kurzen Zeit, in der er lebte, ein echter Workaholic war. Irgendwo gab es schließlich immer ein Wunder zu verrichten. Vom Gelähmten bis hin zu den Toten hat er sich allem gewidmet, was ihm über den Weg lief, oder lag…

Neben der Motivation musst du auch Ergebnisse abliefern. Schließlich hast du auch nirgends gelesen, dass Jesus zu einem Verwundeten sagte: „Du, ich würde dich gerne heilen, aber das scheint echt schwierig zu sein. Schau morgen nochmal vorbei.“[1]

Aber du bist weder Jesus, noch kannst du Tote zum Leben erwecken. Du hast ein anderes Problem, was dich daran hindert, so produktiv zu sein: Du hast nie gelernt zu lernen und viele Dinge abzuarbeiten. In der Schule galt 13 Jahre lang: Auswendiglernen! Du warst sehr gut darin das wiederzugeben, was du in der Stunde davor gesagt bekommen hast. Ob in Klausuren oder in einem Vokabeltest, viel Transfer gab es nicht, sondern ein bloßes Niederschreiben der Fakten hat meistens ausgereicht, um bereits eine gute Note zu bekommen.

Die Eigenleistung lag nahe Null. An der Uni und im späteren Leben wird aber genau das gefordert: Eigenleistung, Produktivität und schnelle Entscheidungsfindung.

Es ist Zeit für ein Wunder: Werde zur absoluten Produktivitätsmaschine!

---

[1] Kassenpatienten hassen diesen Trick!

5.1 Die heilige Deadline

Du hast bereits so einiges über Deadlines kennengelernt und erfahren, wie du sie für dich nutzen kannst, um deine Motivation hochzuhalten.

Du sollst die Deadline ehren und lieben, sie nicht verfluchen, sondern still mit dir herumtragen, bis die Abgabe euch entzweit!
Nicht nur für die Motivation ist die Deadline wichtig, sondern allen voran für die Produktivität. Der absolute Produktionsheilige Cyril Parkinson hat es einmal treffend formuliert:

„Eine Aufgabe dehnt sich in genau dem Maß aus, wie Zeit für ihre Erledigung zur Verfügung steht." (Parkinson-Gesetz)

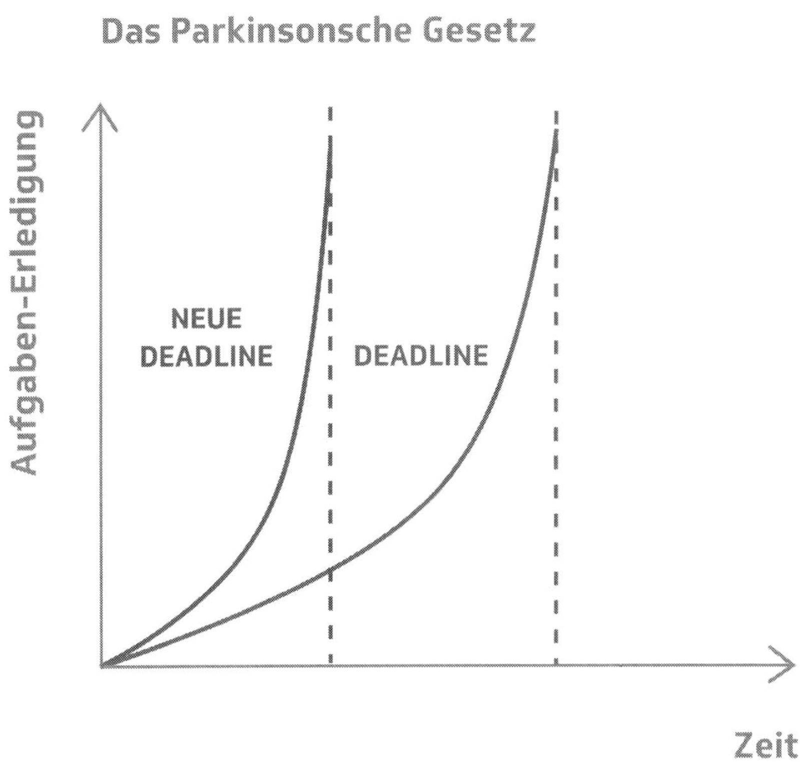

Und genau deswegen bist du in der Nacht vor einer Prüfung so produktiv, du spürst die Deadline im Nacken, du bist vollkommen fokussiert, hältst dich nicht mehr mit Kleinigkeiten auf und bist nicht mehr allzu perfektionistisch aufgelegt. Diese Produktivität kannst du erlernen und damit sensationelle Erfolge feiern.

5.2 Erkenne die Judasaufgabe

Manche Kleinigkeiten flüstern dir ins Ohr, dass du sie unbedingt zu erledigen hast. Zum Beispiel erst einmal die ganze Wohnung putzen und nicht die Hausarbeit schreiben. Weitere Klassiker sind seitenlange WhatsApp-Texte, in denen du jeder Person, die es NICHT wissen will, erklärst, dass du vollkommen müde, demotiviert und letztlich verloren bist. Eine direkte Frage an dich: Bringt dich das Gejammer weiter? Lösen sich damit all die Seiten, die du noch lesen – und die Themen, die du lernen musst, in Luft auf? Nein.[2]

Die Judasaufgabe ist eine Scheinaufgabe, die dich gerne freundschaftlich küsst und hinterlistig von den wesentlichen Herausforderungen ablenkt. Bevor du dich der richtigen Aufgaben widmest, erledigst du die falschen Aufgaben und betrügst dich selbst, indem du dir die ganze Zeit versicherst, dass du noch irre viel Zeit hast und irgendjemand die WG heute aufräumen muss. Das kann schon sein, nur bist du nicht diese Person[3] . Merke dir also:

Erkenne die Judasaufgabe, die Aufgabe, die dich von deiner Mission ablenkt. Filtere alle Judasaufgaben heraus und dann isoliere dich davon.

Ein wesentliches Merkmal der Judasaufgabe ist es, dass sie dir spontan einfällt und dich im Grunde genommen nur indirekt

---

2 Falls du selbst Opfer davon bist: Nicht reagieren, Nachrichten ignorieren. Ansonsten liest du die nächsten drei Stunden ein Drama in mehreren Akten, ohne Happy End!

3 Außer ihr habt einen Putzplan mit Bestrafungen und einer konkreten Deadline. Warum das Sinn machen könnte, hast du in Kapitel 3 gelernt.

weiterbringt. Es ist zwar super, wenn du Kontakt zu alten Weggefährten aufrecht hältst, es ist aber mehr als suboptimal, wenn du dafür riskierst, dass du deine Klausur versiebst.

Merke dir:
Judasaufgaben sind also sehr teuer und im Endeffekt lohnen sie sich nicht.

5.3 Effizienz erzeugen

Du hast Judas verbannt und kannst dich endlich an die wirklich wichtigen Aufgaben setzen. Nach wenigen Minuten merkst du, dass du nicht richtig arbeitest. Eigentlich solltest du etwas zur Wirtschaftsgeschichte heraussuchen, doch landest plötzlich auf einer Seite zum Thema „Wie viel Promille sind absoluter Weltrekord?“[4].

Du lässt dich zu leicht ablenken, weil du dich nicht auf ein Thema fokussierst.
1. Du bist gefühlt noch immer am Anfang.
2. Deine Gedanken schweifen ab.
3. Du hättest mit einer anderen Aufgabe beginnen müssen.

Was du zuerst tun musst, bevor du so richtig loslegst:

- Hast du eine Checkliste?
- Hast du deine Ziele eindeutig definiert?
- Hast du dir zeitliche Vorgaben gemacht?
- Hast du die Themen priorisiert?

Damit hast du die Grundlage für effizientes Arbeiten geschaffen.

---

[4] 12,3 Promille. Nicht zur Nachahmung empfohlen!

5.4 Keine Details!

Wer hat jetzt gegen wen noch einmal wann genau Krieg geführt und wie hieß überhaupt der damalige Kaiser Roms und wer waren jetzt nochmal gleich die Feinde und wieso überhaupt? Kommt dir das bekannt vor? Sobald du mit dem Lernen beginnst, beginnt zugleich auch das Verzetteln, wenn du dich sofort auf die Details stürzt. Zuerst einmal ist es wichtig, dass du einen Überblick über die unterschiedlichen Themen erhältst. Das heißt:

- Präge dir Definitionen der wichtigsten Begriffe ein!
- Finde grobe Sinnzusammenhänge!
- Notiere alles auf einem Blatt!

Details brauchst du wirklich nur für die wichtigsten Dinge, alles andere solltest du sowieso immer nur grob lernen. Überlege dir einmal selbst wie lange die Klausur dauert und wie viele Fragen dein Professor dir stellt. Alleine daraus ergibt sich, dass er nur grobes Wissen abfragen kann und du nicht jedes kleinste Detail wissen musst.

Aber der Teufel steckt im Detail!
Bevor du diese Technik in jeder Klausur anwendest, solltest du unbedingt einmal checken, ob deine Professorin oder dein Professor nicht doch Detailfragen stellt. Natürlich kann es vorkommen, dass du wichtige Eigenschaften und Merkmale nennen musst. Hier musst du leider in den sauren Apfel beißen und vom Baum der Erkenntnis naschen. Sonst fliegst du zwar nicht aus dem Paradies, aber durch dein Studium. Nicht jeder aus dem akademischen Olymp ist fair, manche sind auch schlangenhaft. Plane immer einige der Detailfragen ein. Sollte die Zeit allerdings extrem knapp werden, wende diese Technik an:
Thema? Was gehört dazu?

- Was muss ich unbedingt wissen?
- Brauche ich die Infos und bringen sie mich wirklich weiter?
- Detailwissen zu den wichtigsten Punkten

Also zuerst Überblick verschaffen, dann kommen die Details.[5] Wenn du genau das beachtest, dann verwandelst du aus nackten Fakten pures und wertvolles Wissen!

5.5 Mächtig wie der heilige Pareto

Du fragst dich sicherlich, wie es sein kann, dass es heilige Studenten gibt, die es tatsächlich schaffen, wirklich auf jeder Party zu sein und gleichzeitig auch noch die besten Noten abräumen. Die den Stoff sogar so gut beherrschen, dass sie dir auch um 04.00 Uhr morgens und zig Bier nach der Klausur, Dinge sagen können, die sogar Sinn ergeben.

Ihre Waffe: Effektivität gepaart mit Effizienz. Oder anders gesagt: Während du scheinbar 100% gibst, geben sie nur 20% und sind dir meilenweit voraus. Wir wenden alle oftmals zu viel Mühe für zu kleine Sachen auf. Eine der wichtigsten und besten Methoden ist das **Paretoprinzip** oder auch **80-20-Regel** genannt.

Pareto-Prinzip

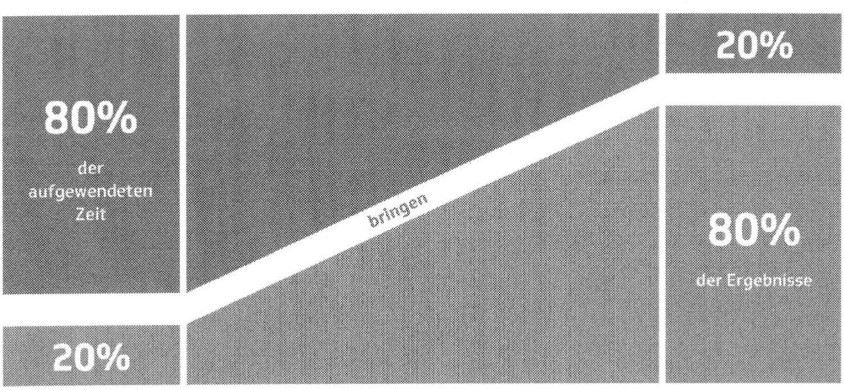

[5] Brennt es so richtig: Keine Details, grobes Wissen einprügeln und danach beten gehen!

Es gab im frühen 20. Jahrhundert eine Person, die hat folgendes festgestellt: Nur 20% der Menschen besitzen einen recht großen Anteil des Vermögens in Italien. Sein Name lautete (Überraschung!) Pareto.

Die 80-20-Regel:
Du stehst morgens vor dem Kleiderschrank und überlegst minutenlang. Während die Uhr tickt und du genau weißt, dass du noch genau 5 Minuten hast, um loszugehen und den Bus zu erwischen, greifst du auf die altbewährte Technik zurück: Schwarz.

80% deiner Zeit trägst du nur 20% deiner gesamten Kleidung. Das ist dir vielleicht noch nicht aufgefallen, aber die 80-20-Regel begleitet dich beinahe überall.

In einer Gruppenarbeit arbeiten nur 20% des Teams, um 80% der Themen abzudecken. Wichtig hierbei ist, dass du dich nicht unbedingt felsenfest an die 80 oder der Zahl 20 festklammerst, sondern, dass du das Prinzip dahinter verstehst: Mit einem verhältnismäßig geringen Anteil an Aufwand, schaffst du es, einen großen Anteil an Aufgaben abzuarbeiten.

Mit den restlichen 80% deines Aufwandes arbeitest du die verbliebenen 20% der Ergebnisse ab. Das Paretoprinzip begegnet dir überall. Vom Alltag bis hin zu deinem späteren Job, in dem du 80% des Tages vertrödelst und mit den anderen 20% den Laden am Laufen hältst. Also konzentriere dich auf einen kleinen, aber wichtigen Anteil der Gesamtaufgaben und maximiere deinen Erfolg.

Zum Beispiel:
Du verwendest 20% deiner Lernzeit, um 80% der Themen für die Klausur zu lernen. 20% der Vokabeln helfen dir, 80% des Textes zu verstehen. Damit ergibt sich: 80% deines endgültigen Ergebnisses hängen von 20% deiner Leistung ab.

Wie wendest du dieses Prinzip am besten an? Du musst pragmatisch denken, handeln und lernen. Frage dich bei jeder Aufgabe, ob sie dir dabei hilft, ein überdurchschnittliches Ergebnis zu erzielen.

Lernst du zum Beispiel für eine Klausur, dann hole dir die absoluten ***Golden Nuggets***, also Informationen, von denen du absolut sicher bist, dass diese die Basis für das restliche Wissen bilden. Lerne gezielt und tue nicht nur so, als ob du lernst, denn dann kannst du gleich Party machen gehen. Und falls du Party machst, dann konzentriere dich nicht auf alle Studenten und sei nicht Everybody's Darling! 20% reichen vollkommen!

5.6 Beherrsche die EFF- EFF- Gebote

Du musst das Thema aus dem Effeff beherrschen. Quizfrage: Wofür steht "Effeff" eigentlich? Tja, würdest du jetzt bei einer Quizshow sitzen, dann würdest du gerade von Millionen Kreuzworträtselfetischisten hemmungslos beleidigt werden. Die wissen das, so wie sie alles wissen, nur nicht, wie sie effektiv und effizient arbeiten, aber du nach diesem Kapitel schon!

Das „Effeff" bezeichnet Effizienz und Effektivität.
Beides benötigst du, um auch wirkliche Lernwunder zu vollbringen. Um wirklich produktiv zu lernen, solltest du dich an die beiden EFF-EFF – Gebote halten.

Effektivität: Das Richtige Lernen
Du musst zuerst schauen, was du lernen musst, bevor du überhaupt lernen kannst. Das ist auf den ersten Blick sehr logisch, aber wenn du dich gerade einmal umschaust und die ganzen Schnellhefter und Manuskripte siehst: Welcome to hell![6] Wende das Paretoprinzip an und finde die magischen Worte, die du zu lernen hast, um den Weg eines heiligen Studenten mit Bestnoten beschreiten zu können.

---

[6] Und gehe in dich: Ist es wirklich der richtige Stoff? Kann es nicht sein, dass du gerade erneut dem Teufel erliegst und du nur dein Gewissen mit einer schwachsinnigen Aufgabe beruhigen willst?

Effizienz: Die Sachen richtig lernen
Du hast dir die wichtigsten Sachen herausgesucht? Sehr schön, jetzt heißt es: Richtig lernen. Und genau hier trennen sich die Normalsterblichen von den Heiligen, nämlich denjenigen, die ihre Spickzettel auch lernen und sich nicht mit Nebenschauplätzen aufhalten. Du hast Fakten, die du lernen musst? Dann lerne sie und zwar solange, bis du die Fakten im Schlaf aufsagen kannst. Du musst komplizierte Formeln anwenden. Dann wende sie an und rede dir nicht nur ein, dass du es schon irgendwie hinbekommen wirst.

Lerne niemals, nur um bei Instagram einige Herzen zu ergattern, weil du ein tolles Lernvideo von dir machst und es noch mit Musik von Hans Zimmer untermalst.[7] Lerne dafür, dass dir dein Professor die guten Noten (und sein Herz) schenkt. <3

5.7 Deep Work – Erschaffe dein Universum

Glaubst du Gott hat sich bei der Erschaffung der Erde ablenken lassen? Stell dir nur einmal vor, wie er dort gerade fleißig die Erde am Basteln war, als ihm einfiel, dass er einmal Facebook checken könnte. Nach einigen Jahrhunderten machte er dann weiter und musste sich erneut hineindenken. Du kannst dir vorstellen, was dabei rausgekommen wäre: Personen aus dem Saarland und aus Sachsen gleichsam, weltweit. Das möchte natürlich niemand und das gilt es auch für dich zu verhindern. Gott sei Dank gibt es aber den Heiligen aus Übersee, Cal Newport. Und dieser Heilige hat sich wirklich etwas Kluges überlegt, damit wir alle unser kleines Universum erschaffen können, ganz ohne Ablenkung und Störquellen.

Sobald du mit deiner Arbeit und dem Lernen anfängst, darf dich nichts mehr ablenken. Schalte dein Smartphone unbedingt in den Flugmodus oder schalte es aus und verbanne es gleich ganz aus dem Raum. Aktiviere in deinem Browser ein Add-on, welches Seiten wie Facebook

---

[7] Auch nicht von Two Steps from Hell!

oder Netflix komplett für mehrere Stunden blockt. Unterteile deinen Tag in Limits. Von 09.00 Uhr bis 10 Uhr machst du Sport. Und zwar nur Sport, nichts anderes. Danach arbeitest du von 10.30 Uhr bis 12 Uhr an deiner Hausarbeit und nur daran. So unterteilst du den Tag. Ja, das klingt wie ein Stundenplan und das ist es im Prinzip auch. Nur planst du so deinen Tag in Einheiten und verschwendest nicht viel Zeit.

Achte auf flache Arbeit

Es gibt einmal die Arbeit, die dich richtig herausfordert, bei der du alle Hirnzellen anstrengen musst (die paar, die die letzte Unifeier überlebt haben) und es gibt die flache Arbeit. Also all das Zeug, das dich geistig nicht anstrengt. Achte allerdings darauf, dass du nicht nur die leichten Aufgaben abarbeitest und dich den wirklichen Brocken dafür nicht stellst! Gerne tauchen nämlich in deiner To-Do-Liste so lapidare Sachen wie: Putzen, Schreibtisch aufräumen, Unikram ordnen etc. auf. Schnell hast du zwar so Dinge zusammen, die dir ein gutes Gefühl geben, die dir aber nichts bringen, außer, dass du dich konsequent selbst verarschst. Genau das sind die Aufgaben, die du nicht zu erledigen hast. Stattdessen geht es darum, dass du dich in die entsprechenden Themen, die du zum Beispiel für deine Hausarbeit brauchst, hineindenkst und dir die notwendige Zeit dafür nimmst, die du brauchst, um tief ins Thema einzutauchen.

Messe und verwalte

Alles, was du messen kannst, musst du verwalten. Dabei musst du auf Verzögerungsmaßnahmen und Leitmaßnahmen achten. Was ist damit gemeint? Für die absolute Tiefenarbeit ist die Leitmaßnahme die Zeit, die du tief im Thema verbringst. Das heißt: Du lernst absolut vertieft ein Thema und durchdenkst es. Du streifst es nicht nur oberflächlich, sondern du bist absolut drin und vergisst die Zeit. Verzögerungswerte sind dabei die Ergebnisse, die du währenddessen erzielst und auch messen kannst. Wenn du es schaffst vier Kapitel durchzuarbeiten, dann sind das deine Verzögerungswerte.

Messe die Zeit und sei dabei absolut ehrlich zu dir. Hierbei gibt es zuerst einmal kein Richtig oder Falsch, sondern nur die Werte, die du immer wieder überprüfst und anwendest. Sie bieten dir einen Indikator, ob du zielorientiert arbeitest oder dich zwar mit dem Stoff beschäftigst, aber dich vor den richtig schwierigen Aufgaben drückst.

5.8 Pomodoro – Ach du heilige Tomate!

Wenn du lernen willst wie Zeus und du Gedankenblitze aus dem Olymp brauchst, dann hilft dir die Pomodoro-Technik, die deine Produktivität in ungeahnte Ausmaße führen wird. Gerade dann, wenn du mehrere Klausuren schreiben und dazu noch einige Hausarbeiten anfertigen musst, wirkt diese Methode Wunder. Deine Manuskripte stapeln sich wie der Turm zu Babel, aber du brichst eher ein, als all die Seiten? Perfekt! Zeit für ein göttliches Wunder!

Mit einem einfachen Trick wirst du es schaffen, auch die schwierigsten Aufgaben binnen weniger Minuten und Stunden zu meistern! Die Pomodoro–Technik geht auf den Heiligen Cirillo zurück. Dieser stand vor einem Haufen Aufgaben. Er kam auf folgende Idee: Er nahm eine Küchenuhr, die die Form einer Tomate hatte (daher kommt der Name) und stellte sie auf 25 Minuten, um eine Aufgabe zu lösen.[8] Danach gab er sich 5 Minuten Pause als Belohnung. Dann geschah das Wunder: Cirillo schaffte in kurzer Zeit wesentlich mehr, als er üblicherweise erreicht hätte. Wie ist es möglich, in weniger Zeit mehr zu schaffen?

Die Antwort ist so einfach wie genial:
Du teilst schwierige und große Aufgaben in kleine Einheiten auf. In diesen Zeitabschnitten bist du vollkommen konzentriert und NUR auf dein Ziel fokussiert. Du überlistest also dein Hirn und deinen Schweinehund, diesen Boten des Faulen und Bösen! Die einstige so gefürchtete Aufgabe wird innerhalb von 25 Minuten weichgeklopft und du arbeitest deutlich erfolgreicher. Beachte die folgenden vier Schritte, mache dir eine Liste und notiere dir die wichtigsten Schritte.

---

[8] Eine Küchenuhr ist natürlich sehr retro, es gibt auch eigene Pomodoro Apps, aber achte auf den Flugmodus!

Erlerne die Pomodorotechnik

1. Formulierung und Festlegung der Aufgaben
Formuliere zuerst die jeweiligen Aufgaben. Zum Beispiel: „2 Kapitel der Hausarbeit schreiben“

2. Aufteilung der Aufgaben
Unterteile nun die Aufgaben in Abschnitte:

- Literaturrecherche
- Kapitel 1 zusammenfassen
- Ersten Absatz von Kapitel 1 formulieren
- Zweiten Absatz von Kapitel 1 formulieren

3. Timer auf 25 Minuten stellen
Stelle nun deine Küchenuhr oder deinen Wecker im Smartphone auf 25 Minuten. Schalte dein Smartphone in den Flugmodus, unterbrich deine Internetverbindung und tauche für diese 25 Minuten komplett ab und bearbeite deine Aufgaben!

4. Ablenkungen aufschreiben
Du musst deinem Tinder-Match noch unbedingt zurückschreiben? Und das fällt dir gerade ein, als erst eine Minute des 25-Minuten-Intervalls vergangen ist?
Schreibe es auf eine kleine Ablenkungsliste und widme dich dann wieder deinem eigentlichen Ziel.

5. 5 Minuten Pause
Gönne dir 5 Minuten Pause. Jetzt kannst du Schlingel auch schnell deinem Match schreiben, die nächste Party klar machen oder auf Instagram rageliken (bevorzugt @Studentenstoff)! Aber nur 5 Minuten! Danach heißt es wieder: 25 Minuten den Verstand benutzen und dich zu beeilen!

Nach vier Durchgängen legst du eine längere Pause ein. Nimm dir guten Gewissens 30-60 Minuten Zeit, um so einmal kurz Luft zu holen und zu entspannen. Um die absolute Produktivität zu erreichen, achte auf deine Effektivität und deine Effizienz. Lege dir also immer die konkreten Aufgaben und Ziele zurecht und bearbeite nur diese.

Die Magie der flachen Aufgaben

Der WG-Putzplan. Neben den Thesen Luthers wohl die größte Errungenschaft der christlichen Welt.[9] Du musst die WG putzen und hängst eigentlich an einer wichtigen Fragestellung? Perfekt! Gerade monotone Aufgaben laden dazu ein, dass wir alle gedanklich abschweifen und Geistesblitze erzeugen.

Wenn du das Badezimmer der WG reinigen musst, kannst du dir währenddessen Podcasts reinziehen oder aber du nutzt die Zeit und durchdenkst die Fragestellung. Während du normalerweise vor dem Laptop sitzen und nur eine mickrige Zeile auf den Bildschirm zaubern würdest, erschaffst du durch die flache Aufgabe einen Geistesblitz. Kennst du das: Du stehst unter der Dusche und ZACK hast du den genialen Einfall, wie du eine Aufgabe lösen oder ein Problem bewältigen kannst. Genau das schaffst du durch scheinbar sinnlose Tätigkeiten. Dein Bewusstsein ist auf Durchzug geschaltet und dein Unterbewusstsein übernimmt die Regie und es folgt der finale Akt: das Happy End.

5.9 Lies wie ein Heiliger

Glaubst du wirklich, dass jeder Heiliger auf der Welt alles gelesen hat? Wie kann es sein, dass manche deiner Kommilitonen gewaltige Textmengen einfach so wegballern? Sogar bei den kompliziertesten Sachverhalten behalten sie den Durchblick. Am Ende sind es dann genau diejenigen, die auf jede Frage des Professors eine Antwort parat ha-

[9] Funfact: Der Putzplan wurde im Kloster erfunden! Das ist natürlich totaler Unsinn, aber es klingt einfach so logisch!

ben. Um diese göttliche Gabe zu erlangen, musst du folgendermaßen vorgehen:

Vorarbeit

Sobald du einen Text lesen musst: Informiere dich kurz über den Autor und den Text an sich. Oftmals gibt es bereits Zusammenfassungen im Internet. Lies sie dir durch und mache dir einige Notizen. So hast du bereits im Vorfeld einen Überblick über das Thema.
Das hat einen großen Vorteil für dich: Du liest zielgerichteter und entwickelst ein Gespür dafür, was relevant ist und was nicht.
Solltest du nichts finden: Fange nicht mit dem Anfang des Textes an, sondern gehe zum Ende und lies dir das Fazit des Autors durch. Hier geht er nämlich immer auf die wichtigsten Aspekte ein und du sparst Zeit.

Die Überschrift

Worum geht es in dem Text und vor allem: Worum geht es nicht? Achte auf die Überschrift des Textes und auch auf die Zwischenüberschriften. Sie zeigen dir nämlich, nicht nur worum es in dem Text geht, sondern auch welche Abschnitte besonders wichtig sind. Nehmen wir an, dass du ein Aufsatz über "Moral in der Finanzwelt" liest. Wenn sich die ersten Abschnitte mit einem geschichtlichen Abschnitt befassen: Weglassen! Stelle dir immer die Frage, ob ein Abschnitt dir hilft oder nicht. Denn meistens geht der Autor in den Aufsätzen und Texten auf sehr viel ein, macht einen großen Bogen, um dann auf das eigentliche Thema zu kommen.

Unterteile den Text in Sinnabschnitte

Jeder Text ist in inhaltliche Einheiten aufgegliedert. Überfliege den Text ganz grob! Meistens erkennst du die verschiedenen Abschnitte anhand der Absätze. So verwandelst du eine Textmasse in viele kleine Einheiten, die du anschließend schneller lesen kannst. Der Trick dabei ist nämlich, dass Menschen kleine Texte wesentlich schneller lesen. Du sparst so schon enorm viel Zeit ein.

Unterstreiche Wichtiges und Unbekanntes

Es gibt wohl kaum etwas Langweiligeres als einen Text zu lesen, der aus endlosen Satzwürmern und Fremdwörtern besteht. Gerade hier lässt nicht nur schnell die Konzentration, sondern auch die Motivation nach. Deswegen markiere dir die wichtigen Infos und unbekannten Wörter (und natürlich nachschlagen oder googlen – sonst wirkt dein Text zwar wie ein Aquarellgemälde, aber bleibt ohne Inhalt).

Reduktion des Textes

Nehmen wir an ein Bekannter fragt dich nach der Relativitätstheorie: Wie erklärst du sie ihm? Anhand der Formel und komplizierten Rechnungen oder gibst du ihm ein Beispiel und reduzierst die komplette Theorie auf wesentliche Aspekte? Sicherlich Letzteres, außer du gehörst zu denjenigen, die Bücher von Stephen Hawking als seichte Abendlektüre betrachten.

Das bedeutet für dich: Schreibe dir neben jedem Sinnabschnitt einen Satz, der den Inhalt vereinfacht erklärt. So bist du nicht nur derjenige, der im Seminar glänzt, sondern bereitest deinen Lernmarathon in der Klausurenphase vor.

Was nach viel Arbeit klingt, wird sich hinterher als göttliche Gabe erweisen, denn mit etwas Übung erkennst du so wesentlich schneller worum es in dem Text geht und was du unbedingt lesen – und was du weglassen kannst. So wirst du zu einem lesenden Gott.

Zusammenfassung

Du kannst in Schönheit sterben oder du bist erfolgreich und effizient. Achte dabei darauf, dass du richtig lernst und auch das Richtige lernst. Nutze dafür die unterschiedlichen Techniken, wie zum Beispiel das Paretoprinzip oder das Deep-Work-Konzept. Dir steht ein Arsenal an Methoden zur Produktivität zur Verfügung, die du nutzen kannst. Markiere dir eine Deadline, stoppe die Zeit und skaliere deine Arbeit mit den unterschiedlichen Arbeitsweisen.

Am Ende zählt das Ergebnis und um dieses Ergebnis zu erreichen hast du genug Alternativen, die du einsetzen kannst. Gehe einmal die unterschiedlichen Aufgaben durch und nutze sie vor allem. Denn nichts ist schlimmer, als das Werkzeug zu haben, es aber nicht zu nutzen. Wenn du die Prinzipien aus dem Effeff beherrschst (entschuldige den kleinen Wortwitz), dann wirst du feststellen, dass du nicht nur bessere Ergebnisse erzielen wirst, sondern eine Menge Zeit sparst.

Praxisaufgabe

1. Nutze das Paretoprinzip für deine kommende Lernsession.

2. Teile schwere Aufgaben in kleine Häppchen und lasse dich nicht ablenken.

3. Tauche ins absolute Lernen ein und suche dir einen Ort, wo dich gar nichts ablenkt, und fange eine Stunde an zu lernen. Vergleiche das Ergebnis mit deinen bisherigen Lernerfolgen.

AMEN.

KAPITEL 6

GÖTTLICHE GEWOHNHEITEN

Lucas und Andreas teilen sich eine WG. Neuerdings geht Lucas jeden Morgen um 6 Uhr joggen, meditiert und schaut im Bus auf der Fahrt zur Uni kurz in die Seminarunterlagen. Er kommt trainiert, fit und ausgeschlafen zur Uni. Immerhin war er um 22 Uhr im Bett und hat sich die Netflix-Eskalation verkniffen. Das macht er nun schon seit 7 Wochen so und nach 22 Uhr Netflix zu schauen, würde sich mittlerweile irgendwie „falsch" anfühlen.

Andreas hingegen steht erst kurz vor 11 Uhr auf. Während er mit der Zigarette auf dem Balkon steht, schaut er auf dem Smartphone nach, wann die nächste Staffel seiner Lieblingsserie veröffentlicht wird. Danach surft er ein wenig im Internet, verzichtet auf die Dusche und geht leicht verkatert (es war eine lange Nacht und zwei Sixpacks lösen sich nicht von selbst in Luft auf) in die Uni. Die ersten beiden Vorlesungen hat er geschwänzt.

Vom Stoff bekommt er nicht sonderlich viel mit, weil er lieber GIFs in WhatsApp-Gruppen verschickt und ansonsten findet, dass er Herr der Lage ist. Bis zu dem Zeitpunkt, als er vor der Klausur sitzt und keine Ahnung hat.

Jeder Mensch auf der Welt ist nach seinen Gewohnheiten getaktet. Ob du es glaubst oder nicht, sobald du aufstehst, folgst du einem programmierten Muster. Nehmen wir an, du stehst auf und die erste Tätigkeit ist der Griff zum Handy, dann machst du dir einen Kaffee, bevor du eine Zigarette auf dem Balkon rauchst. Jeden Tag. Sobald dieser Vorgang unterbrochen wird, löst das in dir schlechte Laune aus. Genauso ist es beim Studium. Wenn du nie verinnerlicht hast, frühzeitig zu lernen, dann bist du es einfach nicht gewohnt. Du fängst immer zu spät an und wirst es auch nicht ändern, wenn du nicht daran arbeitest. Vielleicht hast du einmal erlebt, dass du für eine Klausur zufällig früh angefangen hast zu lernen und du hattest eine gute Note. Eigentlich hättest du daraus lernen müssen, aber irgendetwas in dir hat dich davon abgehalten. Du bist in die alten Muster zurückgefallen und hast dir eine komplette Nacht um die Ohren geschlagen, nur um am Ende irgendwo im hinteren Mittelfeld zu landen. Warum?

Du hattest zwar einen (eigentlichen) Lerneffekt, aber nur kurzfristig. Das heißt für dich: Du musst über längere Zeit an dir und deinem Verhalten arbeiten. Es ist eine Pilgerreise zur erfolgreichen Gewohnheit.[1]

6.1 Warum der Teufel leichtes Spiel hat.

Lass uns zuerst eines festhalten: Es gibt gute Gewohnheiten und es gibt schlechte Gewohnheiten. Eine gute Gewohnheit ist es zum Beispiel, wenn du dir angewöhnt hast, immer pünktlich zu Terminen zu erscheinen. Zum einen wird es jeder deiner Freunde zu schätzen wissen, immerhin will niemand warten, zum anderen bist du damit zuverlässig und jeder in deinem Bekanntenkreis wird sich auf dich verlassen.

Eine schlechte Angewohnheit ist es, wenn du immer auf den letzten Drücker lernst.[2] Du schiebst jede Aufgabe vor dir her, anstatt sie sofort zu lösen. Die Folge davon: Du bist fahrig, du kannst dich schlecht konzentrieren und du wirst es niemals zu einem richtig guten Abschluss an der Uni bringen.

Da du jetzt gute und schlechte Gewohnheiten kennst, gehen wir noch eine Ebene tiefer. Wie funktionieren eigentlich Gewohnheiten? Sobald du die Funktionsweise kennst, kannst du das Verhaltensmuster durchbrechen und neu erlernen. Du wirst deine alten – schlechten – Gewohnheiten gegen neue – gute – Gewohnheiten eintauschen und somit deutlich bessere Erfolge erzielen können.

---

[1] Auch bei Rückschlägen gilt: Weitermachen! Und wenn es ganz schlecht läuft: Was würde Rocky in dem Fall machen?

[2] So wie jetzt.

1. Impuls
Auf deinem Laptopbildschirm taucht die Anzeige auf, dass du eine Mail bekommen hast.

2. Handlung
Du hörst auf, an deiner Hausarbeit zu arbeiten, und klickst aus Neugierde auf die Mail.

3. Belohnung
Du liest, was in der Mail steht, und beantwortest sie.

Analysieren wir dieses Verhalten:
1. Du bist mit den Gedanken irgendwo anders und nicht sonderlich vertieft in deine Hausarbeit. Sobald etwas Interessanteres als die Hausarbeit in deinen Fokus rückt, bist du sofort Feuer und Flamme.

2. Die Neugierde auf etwas Neues lenkt dich sofort von deiner eigentlichen und (monoton-langweiligen) Aufgabe ab. Unterbewusst hast du die ganze Zeit nur darauf gewartet, denn dein innerer kleiner Dämon lockt andauernd mit all den hübschen Ablenkungen.

3. Die Mail ist 666 Mal spannender als die Hausarbeit mit einem langweiligen und herausfordernden Thema. Der innere Dämon tanzt vor Freude den Höllentanz und facht das Feuer in dir an, um dich weiter abzulenken. Und so rast du in den Höllentrichter der zeitverschwendenden Ablenkungsmechanik und folgst dem simplen Prinzip der inneren – falschen – Belohnung.

„Wenn du jetzt schon die Mail gelesen hast, dann kannst du auch nochmal schnell auf das Smartphone schauen und danach...– was ist eigentlich nochmal bei Facebook los? Und Instagram? Hey, du hast wirklich TikTok vergessen? Hat jemand eigentlich deinen Status geliked? Und was ist mit der Mail? Schau doch nochmal schnell nach, dauert doch nicht lange! Ah, sieh an, da hat jemand doch tatsächlich ein neues Profilbild! Wie wäre es mit Essen?“

6.2 Alte Gewohnheiten erkennen

Jeder kennt diesen Kreislauf. Plötzlich ist eine Stunde vergangen und du hast nichts geschafft, außer die Profile deiner Freunde zu stalken, bei Instagram Bilder anzugaffen und Bekannte mit Lachsmileys vzu verlinken. Gratulation, du hast genau NICHTS geschafft. Stell dir einmal vor, Gott hätte sich bei der Erschaffung der Menschheit so leicht ablenken lassen! Okay, vielleicht hat er es bei dem ein oder anderen...[3]
Um alte und hindernde Gewohnheiten zu verbannen, musst du dir drei wichtige Fragen stellen:

1. Ab wann mache ich das?

Versuche dich einmal zu erinnern, ab wann du genau diese Gewohnheit ausgeführt hast. Vielleicht erinnerst du dich nicht mehr genau daran, aber du wirst erkennen, ab welchem Zeitpunkt du der schlechten Angewohnheit nachgehst. Damit hast du das Übel im Kern bereits erkannt.

2. Wieso mache ich das?

Was sind die Gründe dafür, dass du dieser negativen Angewohnheit nachgehst? Ist es Langeweile, Demotivation, Stress oder womöglich eine Sucht, vielleicht auch ein Schutzmechanismus?

3. Was habe ich davon?

Stelle dir die Frage, was die Folgen davon sind, wenn du dieser Angewohnheit nachgehst. Schiebst du zum Beispiel immer wieder lästige Pflichten auf, dann ist das Ergebnis davon, dass du am Ende Stress hast und immer wieder Probleme bekommst, Aufgaben pünktlich und besonders gut zu lösen. Wenn du dir diese drei Fragen stellst, wirst du schnell feststellen, dass viele Gewohnheiten im Kern kontraproduktiv sind und dich nur davon abhalten, endlich ein erfolgreiches Studium zu absolvieren. Und kennst du einmal den Grund deines dämonischen Verhaltens, dann wirst du damit auch deutlich besser umgehen – und es letztlich verbannen können. Doch wie genau sollst du das schaffen?

---

[3] Mein Informant bestätigt: Hat er. Schau dich nur einmal um.

6.3 Schlechte Gewohnheiten verbannen

Gut, du kennst jetzt deine Schattenseiten und weißt auch, warum du manchmal ein totaler Honk bist. Schreibe dir zuerst einmal alle negativen Gewohnheiten auf. Frage Freunde, Bekannte oder in der Familie nach, was ihnen alles aufgefallen ist. Blickst du jetzt auf diese Liste, dann bist du frustriert. Immerhin hast du all deine negativen Gewohnheiten jetzt schwarz auf weiß vor dir. Doch manche deiner schlechten Angewohnheiten helfen dir sogar.

1. Ändere zuerst einmal deinen Blick auf die Gewohnheiten, denn manche sind durchaus nützlich.
Wenn du alles immer auf den letzten Drücker erledigst, dann bist du zum Beispiel sehr stressresistent und äußerst flexibel.

2. Arbeite immer mit und nicht gegen deine Gewohnheiten!
Der schlimmste Fehler, den du jetzt machen kannst, ist es von jetzt auf gleich zu sagen, dass du alle blockierenden Gewohnheiten änderst. Je stärker du das versuchst, desto schwieriger wird es.

3. Ändere immer nur eine Gewohnheit nach der anderen!
Stell dir einmal vor, dass du jetzt aufhörst zu rauchen, keine Party mehr besuchst und dich von nun an nur noch gesund ernährst. Das hältst du eine Woche durch und findest dich dann an der Bar mit Kumpels, rauchend nach einer Pizza wieder und erzählst allen, die es hören wollen (oder auch nicht), wie grässlich deine letzte Woche war und bestellst gleich nochmal eine komplette Runde nach. Niemand soll dir schließlich nachsagen, dass du nur jammerst, denn du siehst das Glas am liebsten ganz voll.

Nimmst du dir vor, nur eine Gewohnheit zu ändern, so fokussierst du deine Energie auf ein konkretes Ziel.

6.4 Neue Gewohnheiten

Wie machst du aus Wasser Wein? Oder anders gefragt, wie verwandelst du eine negative Gewohnheit in eine positive?

1. Schreibe deine neuen Gewohnheiten auf!
Notiere dir zunächst einmal deine neue Gewohnheit. Das bietet dir den Vorteil, dass du immer wieder daran erinnert wirst. Zum anderen speichert unser Hirn es ab, wenn wir Dinge notieren. Nur zu lesen bringt dich nicht weiter, du musst es schreiben und am besten gleichzeitig noch sagen. Damit bleibt die Gewohnheit besser im Hirn verankert, denn du benutzt viele verschiedene Sinneskanäle.

2. Übe bewusst täglich neue Gewohnheiten!
Von jetzt an führe deine neue Gewohnheit täglich aus! Und zwar ganz bewusst. Nehmen wir an du willst aufhören zu rauchen. Dann sage dir morgens: „Nein, ich rauche jetzt keine Zigarette!“
Aber was machst du stattdessen? Genau, du fügst die Gewohnheit in deinen Alltag ein.

3. Verbinde sie im Alltag!
Sobald du eine Gewohnheit neu erlernen willst, integriere sie in deinem Alltag. Du hast bereits gelernt, dass wir nach Mustern handeln, also erschaffe dir ein göttliches Muster. Anstatt morgens eine Zigarette zu rauchen, mache zum Beispiel 20 Liegestützen und trinke dann deinen Kaffee. Dein Hirn wird nach und nach die Gewohnheit „Kippe + Kaffee = Gute Laune“ durch „Liegestützen + Kaffee = Gute Laune“ ersetzen.

4. Belohne dich!
Wichtig ist, dass du motiviert bleibst, also belohne dich immer wieder. Wenn du jeden Tag 20 Liegestützen machst, sobald du das Verlangen nach einer Zigarette spürst, kannst du dir auch ruhig einmal etwas erlauben, zum Beispiel ein Stück Schokolade. Oder du rechnest dir einmal aus, was du an Geld gespart hast, und kaufst dir davon etwas Tolles. Du hast es dir verdient!

5. Sei 40 Tage ein frommer Mönch!
Damit du eine Gewohnheit auch vollkommen integriert hast, brauchst du 30 bis 40 Tage Zeit. Also gehe auf Nummer sicher und führe die neue Gewohnheit 40 Tage bewusst aus. Damit ist sie dann vollständig in deinem Hirn verankert und du wirst es ganz automatisch machen. Es ist wie abends Zähne zu putzen!

6. Keine Kompromisse!
Du wirst feststellen, dass dein innerer Dämon dich gerne dazu verführt, deine alten Gewohnheiten wieder anzunehmen. Immerhin hattet ihr ja so eine schöne Zeit...
Höre nicht darauf, du hast dich bewusst entschieden, etwas zu verändern, also bleibe dabei, ganz egal, wie laut sich die Stimme in dir beklagt. Es ist der Abgesang auf die schlechten und alten Gewohnheiten, mehr nicht!

6.5 Sei ein David

Was war besser als Ali gegen Foreman, als Tyson gegen Holyfield? Richtig! David gegen Goliath. Heutzutage nennt man das einen Upset, wenn derjenige, auf den niemand einen Cent gewettet hätte, gewinnt. Und genauso war es damals. Niemand hielt es für möglich, dass der kleine David den Riesen Goliath besiegen könnte. Aber es kam alles anders und am Ende war David König.

Ähnlich ist es mit deinen Glaubenssätzen. Wenn du nicht an dich glaubst, wer sollte es dann tun? Gewöhne dir eine positive Perspektive an und verwandle dich in einen David.
Schauen wir zuerst einmal auf die limitierenden Glaubenssätze und achten dabei sogar auf die kleinsten Einschränkungen:

„Ich schaffe die nächste Klausur ***vielleicht***."
„***Eigentlich*** will ich heute lernen."
„Ich will ***nicht*** durchfallen."
„Heute schaffe ich sowieso ***nichts mehr.***"

Diese toxischen Glaubenssätze limitieren dich. Ein vielleicht weicht den Glaubenssatz auf. Ein „eigentlich“ führt nur dazu, dass du dich selbst verarscht und ein „nicht“, wird nicht beachtet, und dein Hirn formt daraus ein: „Ich will durchfallen.“ Richtige Glaubenssätze, die dein komplettes Potential zur Entfaltung bringen, sind klar und positiv formuliert:

Ich werde eine 1 im Bachelorzeugnis haben!
Ich werde der beste Student meines Studiengangs!
Ich werde eine Hausarbeit bis zum 31.10. schreiben.
Ich bin es mir wert!

Was zunächst etwas seltsam klingt, entfaltet seine Macht, wenn du es mehrmals, zum Beispiel morgens vor dem Spiegel, wiederholst und vollkommen ernst meinst.

Du kannst auch deine einschränkenden Glaubenssätze positivieren:
„Heute schaffe ich sowieso nichts mehr.“
Hinterfrage einmal diesen Glaubenssatz. Stimmt er denn?
Nein! Du könntest bereits etwas vorbereiten und sei es, dass du nur deine Unterlagen heraussuchst und dir schon einmal hinlegst. Und genau hier spielt der richtige Glaubenssatz eine wichtige Rolle:
„Ich kann mich mit dem Thema vertraut machen, sodass ich morgen direkt einsteigen kann.“
Probiere es aus und lerne die Macht der Motivation kennen. Und sich selbst zu motivieren bringt deutlich mehr, als sich selbst fertig zu machen. Glaube an dich und du wirst Berge versetzen!

6.6 Dein neuer Lerntag mit neuen Gewohnheiten

In diesem Kapitel hast du die Macht der Gewohnheiten kennengelernt. Wie würden sich die Vielzahl an Gewohnheiten auf einen typischen Tag in der Klausurenphase auswirken?

An dieser Stelle findest du eine Tabelle mit einem exemplarischen Lerntag. Diesen planst du am Abend zuvor, genauso wie du beispielsweise deine Sporttasche bereits packst, sodass du am nächsten Morgen völlig frei in den Tag starten kannst.

UHRZEIT	TÄTIGKEIT	NEBENTÄTIGKEIT
08:00 bis 09:00	Aufstehen, Duschen, Meditation, Frühstück	
09:00 bis 09:15	Weg zur Uni	Handy checken, Zum Mittagessen und Kaffee verabreden
09:15 bis 10:45	**Modul 1 | Kapitel 1**	Platz in der Bib finden ohne merkwürdige Menschen in direkter Nähe
10:45 bis 11:15	Spazieren gehen, mit Kommilitionen quatschen, Witzige Videos anschauen, Handy checken	
11:15 bis 12:45	**Modul 1 | Kapitel 2**	Umsetzen, weil der Typ neben dir sich seit Wochen nicht gewaschen hat
12:45 bis 13:15	Mensa mit Kommilitonen	Neuesten Klatsch & Tratsch, *Studentenstoff* checken
13:15 bis 14:45	**Modul 2 | Kapitel 1**	Handy im Flugmodus (in jeder Lernphase!)
14:45 bis 15:30	Kaffe mit Kommilitonen trinken	
15:30 bis 17:00	**Modul 2 | Kapitel 2**	
17:00 bis 19:00	Fitness-Studio	
19:00 bis 23:00	Freizeit	Abendessen, Netflix, Freunde, Lesen
23:00 bis 24:00	**Wiederholung von Inhalten, Nächsten Tag vorbereiten**	

In einem solchen Tagesablauf schaffst du es, genug Zeit für die Uni aufzuwenden, aber zugleich auch Zeit für Sport und ein Sozialleben zu finden. Du verbindest deine Pausen mit sozialen Aktivitäten, in welchen du deine Freunde siehst.

Solltest du lieber zuhause lernen, kannst du die Pausen natürlich auch für die alltäglichen Aufgaben verwenden:
Kochen, Wäsche, Einkaufen gehen, etc.

An dieser Stelle überlege gerne mal, wie dein typischer Lerntag in der Klausurenphase aussieht. Bei 90% der Studenten ist es leider so: Sie finden wesentlich weniger Zeit für Freunde, Sport und Freizeit als in diesem Ablauf geschildert. Stattdessen haben sie lange Lernzeiträume, in denen sie aber unkonzentriert lernen und sich ständig ablenken lassen. Dies führt dazu, dass sie zwar viel Zeit in der Bibliothek verbringen, aber in dieser Zeit nicht so viel schaffen, als bei einem disziplinierten und in Intervallen getakteten Tag.

Der Tagesablauf ist idealisiert. Fast niemand wird ein solches Pensum täglich aufrecht halten können. Nichtsdestotrotz zeigt er dir, was möglich wäre. Sei nicht niedergeschlagen, wenn es dauert, bis du dich ihm annäherst. Gewohnheiten brauchen ihre Zeit.

Zusammenfassung

Wir sind alle Gewohnheitstiere und reagieren auf entsprechende Impulse. Gerade die schlechten Gewohnheiten können uns dabei das Leben zur Hölle machen. Auf viele davon achten wir gar nicht bewusst. Deswegen musst du dir deiner Gewohnheiten bewusst werden und diese ändern, indem du neue Gewohnheiten nach und nach in deinen Alltag integrierst.

Praxisaufgabe

1. Notiere dir 5 deiner Gewohnheiten, die dir sofort auffallen.

2. Gehe nun einen Schritt weiter und reflektiere mehrmals am Tag deine Gewohnheiten. Welche davon sind gut und welche schlecht?

3. Notiere dir 3 schlechte Gewohnheiten und achte besonders darauf, wann du einen Impuls, spürst diesen Gewohnheiten nachzugehen.

4. Welche 2 neuen Gewohnheiten hättest du gerne? Notiere sie dir und beginne, sie in deinen Alltag zu integrieren.

5. Mache dir die kommenden Wochen Notizen zu deinen Gewohnheiten und gleiche sie mit Punkt 1 ab.

AMEN.

KAPITEL 7

DAS UMFELD. WER SIND DEINE ZWÖLF APOSTEL?

Stell dir vor, du würdest regelmäßig mit Mark Zuckerberg in der Bib pauken[1], mit dem Dalai Lama in der Mensa speisen und abends mit Will Smith die Fachschaftsparty abrocken.

Wie würden sich deine Weltansichten durch den Dalai Lama verändern? Würdest du mit Mark produktiver lernen, als mit deinen Freunden, den alten Faulenzern? Und welche Tricks, würdest du dir von Will Smith im Umgang mit anderen Menschen abschauen? Müsstest du zum Studium ihrer Gewohnheiten große Anstrengungen auf dich nehmen oder würde ihr Einfluss weitestgehend unbewusst auf dich wirken, als hättest du eine magische Pille geschluckt?

7.1 Die magische Pille

Warum studierst du? Hoffentlich, weil du ein Ziel hast! Für die meisten Studenten bedeutet dieses Ziel „gute Noten", mindestens aber, die Klausuren alle zu bestehen. Denn sonst würdest du nicht studieren und genauso wenig diese Studentenbibel in deinen Händen halten.

Aufgepasst: Es gibt eine magische Pille für deine Ziele. Durch den Konsum dieser Pille wirst du zwar nicht über Wasser gehen oder Wasser zu Wein machen können[2], dafür aber wie von magischer Hand durchs Studium geleitet. Diese magische Pille stellt die Leute dar, mit denen du dich umgibst, deine Apostel!

Das Umfeld hat enormen Einfluss auf deine Studienleistungen. Zur Veranschaulichung betrachten wir die zwei Studenten Andreas und Anna während ihres ersten Semesters im gleichen Studiengang.

Andreas war froh, dass sein Mitschüler Maik anfing, mit ihm Wirtschaft zu studieren. Maik bildete eine Konstante in seinem Leben. Schon immer hingen sie gemeinsam ab. Auch wenn Maik nicht unbedingt der Einstein in der Theorie war, war er doch der absolute MacGyver, wenn

---

[1] Nein, das soll nicht „auf Facebook surfen" bedeuten.

[2] Dafür müsstest du schon andere Pillen konsumieren. Dann ist alles möglich.

es darum ging, einen Joint, aus Resten zu basteln. Morgens, wenn sie gemeinsam zur Uni pendelten, glich Maik einem Zombie. Die Lider hingen herab, sein Mund stand offen und Speichel floss auf den Sitz. Andreas störte das nicht, wenigstens hatte er einen großen Vorteil gegenüber allen anderen Erstis: Er wusste, mit wem er in der Mensa essen und neben wem er in der Vorlesung sitzen konnte.

Nichtsdestotrotz entstand in der Einführungswoche eine kleine Gruppe um Andreas und Maik, welche symbolisch in der WhatsApp-Gruppe „4 gewinnt" manifestiert wurde. Während der WhatsApp-Name zu Beginn noch ironischen Charakter hatte, sollte er im Laufe des Studiums zum Programm werden. Zwar war die Gruppe ***4 gewinnt*** als Erste auf jeder Fachschaftsparty zu finden, jedoch begannen die Mitglieder mit dem Lernen als Letztes. Kurz vor der ersten Klausur beschlich Andreas ein schlechtes Gefühl, da er den Stoff lediglich spärlich gesichtet hatte. Als er in der Gruppe nach dem allgemeinen Lernstand fragte, machte sich ein Gefühl der Erleichterung in Andreas breit. Keiner war wirklich weit gekommen und Maik hatte noch nicht einmal angefangen zu lernen. Na also, es war wohl normal, erst fünf vor zwölf die mentalen Ressourcen zusammenzutrommeln und der Uni den Kampf anzusagen!

Panik brach bei ihm das erste Mal aus, als die Probeklausur für die Einführung in die Mathematik hochgeladen wurde. Diese Probeklausur diente nicht nur als Weckruf für Andreas, sondern für die gesamte Gruppe ***4 gewinnt***. Das Lernpensum wurde erhöht und selbst Maik fing an, mit Andreas an freien Tagen in die Bibliothek zu gehen. So richtig produktiv waren sie aber nicht, Maik zeigte Andreas immer wieder witzige Videos, die er im Internet gefunden hatte.

So kam es, wie es kommen musste: Die Klausuren standen vor der Tür und keiner der ***4 gewinnt*** hatte große Ambitionen. Sarah, die sich generell unsicher war, ob sie überhaupt Wirtschaft studieren wollte, ging gar zu keiner Klausur. Sie war überzeugt, dass sie nicht bestehen würde. Auch Andreas war sich unsicher. Aber einfach so aufgeben würde er nicht: Dann doch lieber 4 gewinnt! Von vier Klausuren bestand Andreas drei. Die Beste war ein befriedigend, die Schlechteste genau eine 4.0. Bei Maik sah es noch übler aus. Er bestand lediglich zwei Klausuren. Von den ***4 gewinnt*** konnte nur Niko überzeugen, von dem so einige das Gefühl hatten, dass in ihm, neben einer Mini-Bar, auch ein Genie schlummerte. Er bestand sämtliche Klausuren und hatte in Mathematik sogar eine 1.7. Diese Noten hätte Andreas natürlich auch gerne gehabt, aber wenn er die Leistungen Maiks betrachtete, hätte es auch schlechter laufen können...

Anna war neu in der Stadt. Für das Studium hatte sie ihre Heimat verlassen. Sie wollte etwas Neues erleben, und die Uni hatte einen ausgezeichneten Ruf für BWL. Natürlich war sie aufgeregt. Würde sie neue Freunde finden? Ihre Familie vermissen? Das Ganze finanziell stemmen können?

Anna nutzte die ersten Wochen der Uni, um möglichst viele Leute kennenzulernen. In der Einführungswoche ging sie auf ihre Kommilitonen zu, belegte beim Unisport einen Yoga-Kurs und schloss sich der Fachschaft an. Nach wenigen Wochen an der Uni, konnte sie den Campus kaum überqueren, ohne ein bekanntes Gesicht zu treffen. Durch ihre Vielzahl an Aktivitäten hatte sie zwar einen straffen Zeitplan, aber auch verschiedene Freundeskreise. In ihrem Studiengang fand sich schnell eine Gruppe aus ambitionierten jungen Studentinnen, mit denen sie die Vorlesung verbrachte und zu Mittag aß. Nach wenigen Wochen fragte Laura, die den Ruf des „Gruppenstrebers" innehatte und von allen nur „Schlaura" genannt wurde, in ihrer WhatsApp Gruppe *„Die ShyPerfomer"* ob sich jemand mit ihr für die Übungsaufgaben in Mathe zusammensetzen wollte. Anna hatte eigentlich nicht wirklich Lust, sich so früh im Semester schon so intensiv mit dem Thema zu beschäftigen, aber als bereits zwei weitere Freundinnen zusagten, konnte sie – warum auch immer – nicht anders als auch am Treffen teilzunehmen.

Als das Treffen anstand, war Anna schockiert, wie wenig sie eigentlich wusste, während sie bei Schlaura das Gefühl hatte, dass sie schon jetzt die Klausur bestehen könnte. Es war ihr zudem unangenehm, dass sie bei der Lösung der Probleme keine wirkliche Hilfe war, denn sie war unvorbereitet zu dem Treffen gekommen. Die *ShyPerformer* beschlossen, sich alle zwei Wochen dienstagabends zu treffen, zwei Stunden zu lernen und danach Cocktails trinken zu gehen. Als das nächste Treffen anstand, schaute sich Anna bereits im Vorfeld die Übungsaufgaben an und versuchte, diese zu rechnen.

Sie wollte nicht wieder komplett planlos dasitzen. Als die Klausuren kamen waren die *ShyPerformer* nicht nur Stammgäste in der Cocktail-Bar *Pink Flamingo*, sondern auch top vorbereitet. Zwar hatte Anna das Gefühl, sie hätte noch mehr lernen können, doch ein positives Bauchgefühl überwog.[3] Und es hatte sie nicht getäuscht, denn ein Großteil der Klausuren wurde heruntergesetzt und sie hatte in jeder Prüfung eine Eins vor dem Komma.

Selbstverständlich sind die Darstellungen der Personen Andreas und Anna überspitzt und reine Fiktion.[4] Sie veranschaulicht jedoch eines deutlich: Welchen Effekt das Umfeld auf uns haben kann und wie dieses uns beeinflusst. Während in diesem Beispiel nur der Aspekt des Lernens betrachtet wird, hat das Umfeld Einfluss auf nahezu alle Facetten des Lebens. Welchen Aktivitäten wir in unserer Freizeit nachgehen, wie gesund wir uns ernähren oder in welchen Job wir einsteigen. Der „Gruppenzwang" kann genauso positive, wie auch negative Folgen haben. Während Anna von ihrer Gruppe mitgezogen wurde und lernte, weil sie sonst ein schlechtes Gewissen hatte, bot die Gruppe von Andreas angenehme Ausreden, sich nicht zum Lernen zu zwingen. Das Umfeld beeinflusst uns, ob wir wollen oder nicht. Also sollten wir dafür sorgen, uns ein Umfeld zu suchen, welches uns positiv stimuliert! Im Amerikanischen wird oft vom ***„Average of Five"*** gesprochen: Demnach bist du der Durchschnitt der fünf Leute, mit denen du am meisten Zeit verbringst.

---

[3] Es gibt einfach Klausuren, bei denen man nie das Gefühl haben wird, genug gelernt zu haben.

[4] Oder doch nicht?

7.2 Such dir deine Apostel, verbanne den Judas!

Gemäß des Prinzips des ***Average of Five*** suchst du dir die besten Leute aus einem Gebiet, um ähnlich gut zu werden. Für das Studium bedeutet das, sich die besten und schlausten Kommilitonen aus deinem Studiengang zu suchen und zu deinen Aposteln zu machen!

Über das Gewinnen von Freunden ließe sich ein weiteres Buch schreiben. Was aber Bestandteil einer jeden Freundschaft ist, auch wenn es unglaublich opportunistisch klingt: Du musst deinem Freund einen Gegenwert bringen. Das kann Loyalität sein, Zugang zu geilen Partys oder dass du ein guter Zuhörer bist. Und du musst mit der Person Zeit verbringen. Erst so stabilisierst du jede persönliche Beziehung.
Was bedeutet das für dein Umfeld?

Such dir die Leute, die das erreicht haben, was du erreichen willst. Mache den ersten Schritt. Biete ihnen einen Gegenwert. Bringe sie zum Lachen, lade sie zu Partys ein. Verbringe vermehrt Zeit mit ihnen.

Es mag jetzt der Eindruck entstehen, dass das Ganze unglaublich zeitintensiv ist. Dieser Eindruck trügt. Lade deine neuen Kontakte zu Aktivitäten ein, die du so oder so machen würdest. Zum Essen in der Mensa, zum Bouldern oder zur gemeinsamen Bib-Session. Netter Nebeneffekt: Sie werden Freunde mitbringen und du kannst ihnen deine Freunde vorstellen. Dein Freundeskreis wird von heute auf morgen explodieren.

Während ein Apostel wie Schlaura dafür sorgen wird, dass du mehr Zeit für die Uni aufbringst, wollen wir dir an dieser Stelle nicht Maik, den besten Freund von Andreas, verschweigen. Jeder kennt diesen Maik: Ein „Freund" mit dem man meist aus Gewohnheit oder Zufall befreundet ist. Eine richtige Selektion hat nie stattgefunden, eigentlich teilt man auch keine gemeinsamen Werte. Sei gewappnet: Maik ist in Wirklichkeit ein Judas! Der Judas deiner Ziele, dem es egal ist, ob du deine Träume erreichst. Der dich irgendwann an die Römer ausliefert oder dir auf dem Weg zum Drittversuch ein Bein stellt. Im Gegensatz zu Judas meint es Maik nicht böse, er will dich nicht bewusst herunterziehen: Er tut es aber dennoch.

Deshalb: Verbanne deinen Maik! Verbanne deinen Judas!
Das bedeutet nicht ein Arschloch zu werden, das alles dem Erfolg unterordnet. Es bedeutet, gesunde Grenzen zu setzen. Wenn Maik ein klasse Typ ist, auf den du dich in guten wie in schlechten Zeiten verlassen kannst, der dich aber in der Bibliothek beim Lernen nur ablenkt, musst du ohne ihn lernen. Abends könnt ihr immer noch zusammen um die Häuser ziehen. Wenn Maik dich aber schon mehrfach enttäuscht hat und ihr keine wirklichen Werte teilt, solltest du die ganze Freundschaft hinterfragen: Aus Liebe zu dir selbst.

7.3 Lerngruppen

Du hast den Judas verbannt und die *Schlaura* deines Studiengangs endlich kennengelernt? Gründe mit ihr und ambitionierten Kommilitonen eine Lerngruppe! Eine Lerngruppe hat zahlreiche Vorteile für dich:

1. Du bleibst am Ball. Du willst vor den Genies deines Studiengangs gut dastehen. Dadurch bereitest du dich automatisch vor, auch wenn die Klausuren noch in weiter Ferne sind.

2. Ihr löst Probleme. Es wird immer wieder Themen geben, die in der Vorlesung nur schlecht behandelt werden. In der Gruppe könnt ihr euer Wissen ergänzen und so den vollen Durchblick erlangen. Und falls nicht, könnt ihr in der Gruppe delegieren, wer in der nächsten Sprechstunde mit dem Professor das Problem bespricht und dieses dann an euch weitergibt.

3. Du lernst von deinen Kommilitonen, und sie lernen von dir. In Lerngruppen wirst du feststellen, dass deine Kommilitonen sich Dinge anders merken, als du. Dadurch lernst du neue Lerntechniken kennen und erweiterst deinen Horizont. Bist du in der Lage, deinen Kommilitonen zu helfen, hat das zwei Effekte:

Erstens, wird es sich verdammt gut anfühlen. Zweitens, wirst du durch die Nachfragen deiner Kommilitonen das Thema von einer neuen Seite betrachten, wodurch du tiefer in das Thema einsteigst. Das Erklären wird deine Erinnerung verstärken, auch wenn es nur durch die Wiederholung geschieht.[5]

Die positiven Aspekte einer Lerngruppe kommen aber nur zum Tragen, wenn ihr einige Grundregeln beachtet:

1. Die Auswahl der Mitglieder:
Du brauchst Kommilitonen, die zuverlässig sind und welche die Zeit in eurer Lerngruppe ernst nehmen. Überlege dir genau, wer von deinen Kommilitonen die Gruppe nicht weiterbringen, sondern sogar behindern würde.

Wenn du dir unsicher bist, verabrede dich nur zu zweit, um ein Thema zu besprechen. Dadurch bekommst du direkt ein Gefühl dafür, ob ihr zusammen mehr erreichen könnt. Falls ja, kannst du mit diesen Kommilitonen eine neue Lerngruppe gründen.

2. Struktur:
Ihr solltet euch eine klare Struktur überlegen, nach der ihr bei jedem Treffen vorgeht. Welches Thema wird beim nächsten Treffen besprochen? Wie viel Zeit brauchen wir dafür? Wo treffen wir uns?
Das Zusammensein sollte ebenso strukturiert sein. Gibt es eine kleine Bestrafung, wenn jemand mehr als fünf Minuten zu spät kommt? Verbindet ihr eure Lerngruppe mit einer Belohnung. Beispielsweise danach zusammen Pizza zu essen oder abends in eine Bar zu gehen.

---

[5] Gerüchten zufolge hat sich eine Lerngruppe wirtschaftswissenschaftliche Theorien anhand verschiedener Vodka-Marken gemerkt.

3. Die Größe der Lerngruppe:
Ab einer gewissen Größe werden Lerngruppen ineffizient. Mehr als fünf Leute solltet ihr auf keinen Fall sein. Kleine Gruppen (2 Personen) eignen sich perfekt, um sich gegenseitig Dinge abzufragen, beispielsweise, wenn es einen Übungskatalog an Multiple Choice-Aufgaben gibt. Größere Gruppen entfalten ihre volle Wirkung, wenn komplizierte Sachverhalte erörtert werden müssen und beispielsweise ein Kapitel in der Vorlesung überhaupt nicht verstanden wurde.

7.4 Uni-Wahl[6]

Wenn du tatsächlich der Durchschnitt der fünf Leute sein solltest, mit denen du die meiste Zeit verbringst, was bedeutet das dann für die Wahl deiner Uni? Wie immens, denkst du, ist der Unterschied zwischen Kommilitonen in Harvard oder in Greifswald?[7] Zwar werden die wenigsten die Chance haben, in Harvard zu studieren, aber die paar von Gott Auserwählten (oder unglaublich Reichen) befinden sich in einem Umfeld mit den ambitioniertesten Studenten der Welt. Bei der Begrüßungsrede wird der Dekan dir klarmachen, in welche Fußstapfen du gerade trittst. Dass über 150 Nobelpreisträger an dieser Uni studiert haben, acht US-Präsidenten und 62 Milliardäre. Die alle, wie du mal bei der Eröffnungsrede auf ihrem Stuhl gesessen haben und kaum erahnen konnten, was sie erwarten wird. Wenn du über den Campus läufst, wirst du immer wieder daran erinnert, dass dies keine normale Uni ist. Täglich siehst du Touristen, die Fotos machen. Die Bibliotheken und der Rest des Campus erscheinen altehrwürdig. Und deine Kommilitonen stellen hohe Standards an sich selbst. Möglicherweise spürst du plötzlich eine ganz andere Bedeutung deines Studiums und räumst ihm einen anderen Stellenwert ein. Du wirst auf einmal nicht mehr nur mit einer 4 bestehen wollen, um dich eines Tages in einem Konzern für deinen Chef zu verbiegen.

---

[6] Solltest du nie wieder vor der Wahl stehen, eine weitere Uni zu besuchen, überspringe diesen Teil gerne getrost.

[7] Sorry, an alle die in Greifswald studieren – wir haben ein Bauernopfer gebraucht!

Doch selbst wenn du dein Studium in Harvard nur mit Ach und Krach bestehen würdest, deine Kommilitonen und hoffentlich auch Freunde, werden Unternehmen gründen und die Top-Positionen auf dem Jobmarkt besetzen. Und du kennst sie! Zudem kannst du dir während deines Studiums abschauen, wie diese Elite-Studenten lernen und welche Entscheidungen sie für ihr Leben treffen. Triff die Uni-Wahl also nicht nur aus Bequemlichkeit, sondern denke langfristig. Der Spirit, die Infrastruktur und deine Kommilitonen besitzen einen Mehrwert, der dich unglaublich bereichern kann. Und du studierst schließlich nicht nur, damit du auf die geilsten Partys kommen kannst, sondern du studierst für deine Zukunft und für dein Leben. Willst du dein Leben am Ende „ausreichend" gelebt haben?

7.5 Suche dir Vorbilder

Wir Menschen suchen immer nach einer höheren Instanz. Ob es Allah, Jesus oder Krishna ist – seit Jahrtausenden versucht der Mensch einer Gottesfigur zu folgen. Dieses göttliche Wesen dient als Visualisierung, liefert Leitbilder und Regeln für das tägliche Leben und schenkt Vertrauen sowie Hoffnung. Es treibt die Menschen an, ihr Leben nach seinen Grundsätzen zu gestalten, um ein „gutes" Leben zu führen. Es ist Vorbild. Ein wünschenswertes Rollenbild gibt dir nicht nur eine gewisse Sicherheit, dadurch dass es dir konkrete Lebensweisheiten an die Hand gibt, sondern zeigt dir auch, was machbar ist. Wenn dein Idol es erreicht hat, ist es auch für dich möglich! Keine Sorge: Du musst nicht gläubig sein, um ein Vorbild zu haben. Vorbilder finden sich überall. Dein Vorbild kann deine Oma sein, weil sie immer optimistisch ist und trotz Rückschlägen nie aufgegeben hat. Dein Vorbild kann der Promi sein, der ähnlich wie du aufgewachsen ist und dein großes Ziel schon erreicht hat. Dein Vorbild kann die charismatische Figur aus deiner Lieblingsserie sein, von der du dir wünschst, die ein oder andere Eigenschaft zu übernehmen. Sprich: Dein Vorbild kann jede Person sein, die die Dinge erreicht hat, die du erreichen willst!

Im Bestfall hast du zahlreiche Idole für verschiedene Aspekte des Lebens. Ein Vorbild für diszipliniertes Arbeiten und Lernen, ein Vorbild für deinen Lieblingssport, ein Vorbild für den moralischen Umgang mit deinen Mitmenschen und so weiter. Egal wer deine Vorbilder sind: Verbringe möglichst viel Zeit mit dem Studium ihrer Angewohnheiten und Einstellungen. Nimm ihre Gegenwart nicht als etwas Selbstverständliches hin, sondern analysiere ihr Verhalten und stelle möglichst viele Fragen: Was kannst du von ihnen lernen? Was glauben sie von der Welt? Was würden sie in deiner Situation tun? Nach welchen „Gesetzen“ leben sie? Im nächsten Schritt nimmst du die Lektionen deiner Vorbilder und integrierst sie nach und nach in dein Leben.

Ähnlich wie schon bei den Gewohnheiten: Versuche erstmal nur eine Lehre deines Vorbilds zu übernehmen. Dadurch überforderst du dich nicht und hast zugleich die Möglichkeit, fokussiert wahrzunehmen, ob die Verhaltensänderung dein Leben besser macht. Sollte dies nicht der Fall sein, frage dich, warum es für dich nicht funktioniert. Musst du weitere Anpassungen in deinem Leben vornehmen? Sei genauso aber auch bereit, die Regeln deiner Vorbilder zu brechen, wenn sie für dich nicht funktionieren. Zudem wirst du möglicherweise mit der Zeit feststellen, dass deine Idole ihren Helden-Status verlieren. Du veränderst dich und definierst ständig neu, was erstrebenswert ist. Dadurch verändern sich auch deine Vorbilder.

7.6 Wer ist dein Mentor?

Ein Mentor vor Ort kann dein Leben auf eine neue Stufe bringen, im Gegensatz zu einem Vorbild, das dir nur ein Big Picture, eine Vision, vermittelt. Er ist ein Unterstützer, der über einen immensen Erfahrungsschatz in einem für dich wichtigen Bereich verfügt. Dadurch ist er in der Lage, dir Lektionen, für dessen Verständnis er womöglich Jahre gebraucht hat, weiterzugeben. Während sich Vorbilder oftmals in deinem sichtbaren Umfeld herauskristallisieren, musst du bei Mentoren oftmals proaktiv nach ihnen suchen und auf sie zugehen.

Mentorenbeziehung

Eine Mentorenbeziehung entsteht, wenn die folgenden Bestandteile aufeinandertreffen:

1. Der Mentor ist dir in einem Lebensfeld deutlich überlegen. Er hat im Laufe seiner Jahre zahlreiche Erfahrungen gesammelt und musste bereits mit Niederlagen und Problemen umgehen. Dadurch kann er dir mit Rat und Tat zur Seite stehen.

2. Der Mentee[8] zieht die Aufmerksamkeit des Mentors auf sich und unterscheidet sich von anderen „Studenten". Das kann ein gewisses Talent, pure Motivation oder eine Gemeinsamkeit zwischen Mentor und Mentee sein.

3. Der Mentee macht einen Schritt auf den Mentor zu und signalisiert ihm seine Bereitschaft zu lernen. Der Mentor entscheidet sich, dem Mentee zu helfen. Die Gründe hierfür können vielfältig sein. Die häufigsten zwei Gründe sind: Er ist intrinsisch motiviert und hilft gerne oder er verspricht sich selbst einen Vorteil von eurer Mentorenbeziehung.

Am einfachsten ist es, an der Universität als Mentor einen älteren Studenten aus deinem Studiengang zu finden. Dieser kann dir genau sagen, worauf es ankommt. Er hat Altklausuren, weiß welcher Professor einfache Klausuren stellt und welches Seminar du am besten belegen solltest. Am ehesten lernst du einen solchen Mentor in einer Interessengruppe, die für deinen Studiengang spezifisch ist, kennen. Bestes Beispiel hierfür ist die Fachschaft.

Der schnellste Weg, um einen Mentor zu finden ist: Arbeite für oder mit einem Mentor. Um bei dem Beispiel mit der Fachschaft zu bleiben: Du könntest proaktiv auf die Vorsitzenden zugehen und ein Projekt übernehmen, das dich fasziniert. So stehst du im ständigen Austausch mit potenziellen Mentoren, die dir zudem dankbar sind, dass du ihnen unter die Arme greifst.

---

[8] Das ist die Person, die vom Mentor lernt. Im Bestfall also du!

Oder du bewirbst dich für einen Studentenjob am Lehrstuhl: Hier lernst du nicht nur erfahrenere Studenten aus deiner Fachrichtung kennen, sondern entwickelst, beispielsweise bei der Korrektur der Klausuren von jüngeren Semestern, ein besseres Bauchgefühl, was letztlich für eine gute Note entscheidend ist. Zudem kannst du deinem Professor unter Umständen den ein oder anderen Tipp für die Klausur entlocken, sofern du Klausuren bei ihm schreibst. Wie bei den Vorbildern gibt es nicht DEN EINEN Mentor, sondern im Bestfall verfügst du über mehrere Mentoren, die in für dich relevanten Teilbereichen (Sport, Uni, Beruf, Soziales, Politik, etc.) exzellent sind. Und wer weiß, vielleicht bist du eines Tages selbst Mentor und hast die Möglichkeit, etwas zurückzugeben.

7.7 Überschreite den Rubikon

Kleine Geschichtsstunde:
Im Jahr 49 vor Christus wurde Julius Cäsar nach Rom bestellt, eine Anklage stand bevor. Cäsar traf eine Entscheidung: Zusammen mit seinem Heer überquerte er den Grenzfluss Rubikon. Die bewaffnete Überquerung des Flusses war tabu – es glich einer Kriegserklärung. Sobald Cäsar mit seinen Truppen den Fluss überquert hatte, gab es kein Zurück. Volle Verantwortung – auf Leben oder Tod.[9]

Keine Sorge, du musst nicht in den Krieg ziehen, aber ähnlich wie Cäsar kannst du Situationen erschaffen, in denen du die volle Verantwortung übernehmen musst. Momente, in denen es kein Zurück gibt. Situationen, in denen das ganze Dorf gierig gafft, ob du wirklich in der Lage bist, aus Wasser Wein zu machen. Eine Möglichkeit hierfür ist es, einen Termin mit Kommilitonen auszumachen, in dem ihr den Stoff besprecht. Im Vorfeld machst du mit der Gruppe aus, dass jeder von euch sich vorbereitet, sodass ihr effektiv und schnell arbeiten könnt. Es wird dir unangenehm sein, unvorbereitet zum Termin zu kommen, wenn du es im Vorfeld vom Rest der Gruppe forderst.

---

[9] Cäsar hatte allerdings eine eingespielte Armee und zog gegen Rom, der kleine Rebell.

Das Ganze lässt sich auch auf schriftliche Arbeiten übertragen. Du kannst mit Kommilitonen beispielsweise vereinbaren, dass ihr euch eine Woche vor der Abgabe gegenseitig eure Hausarbeiten schickt und überarbeitet. Dadurch wirst du versuchen, möglichst weit zu kommen, damit es sich für dich auch „lohnt".

Nach dem gleichen Prinzip kannst du einen Sprechstunden-Termin mit deinem Professor ausmachen.[10] Unweigerlich wirst du dir den Stoff vorher anschauen, da es dir sonst extrem unangenehm sein wird, deinem Professor die Zeit zu stehlen. Die Sprechstunde bietet jedoch weiteres Potenzial:

In dieser kannst du herausfinden, wie dein Prof wirklich denkt. Was ist ihm wichtig für die Klausur? Stelle viele Fragen. Unter Umständen gibt er dir Tipps für die Klausur, welche er in der Vorlesung so nie aussprechen würde. Durch das persönliche Gespräch bist du zudem nicht länger eines von unzähligen Gesichtern. Du hast die Möglichkeit zu zeigen, dass du engagiert bist, und kannst eine persönliche Bindung aufbauen. Wer weiß, vielleicht springt ein Job als wissenschaftlicher Mitarbeiter heraus oder du schreibst später bei ihm deine Thesis?
Darüber hinaus gibt es noch einen weiteren Trick, um das Beste aus dir herauszukitzeln!

7.8 Mastermind-Gruppe

Stelle dir vor, du könntest dich klonen. Dein Klon hätte das gleiche Ziel wie du, würde aber ein anderes Vorgehen wählen. Ihr würdet beide täglich hart an eurem Ziel arbeiten und euch immer wieder nach ein paar Tagen treffen, um eure Strategie sowie die Erfahrungen zu teilen. Dies würde drei konkrete Vorteile bieten:

Du bist nicht allein. Dein Mitstreiter hat ähnliche Herausforderungen, teilt also deine emotionale Achterbahnfahrt und kann dich zusätzlich motivieren.

---

[10] Wird in Deutschland viel zu wenig gemacht!

Du kannst von den Erfahrungen deines Mitstreiters lernen, ohne diese selbst zu machen. Das bringt eine unglaubliche Zeitersparnis. Erkenntnisse, für die dein Klon vielleicht Monate gebraucht hat, kannst du möglicherweise in nur einem Gespräch aufsaugen.
Dein Mitstreiter kann eine Kontrollfunktion ausüben. Er sieht deine Anstrengungen objektiv und kann wahrnehmen, wenn du dich selbst verarschst. Nun stelle dir vor, es gäbe nicht nur einen Mitstreiter, sondern eine Gruppe von Mitstreitern. Wieder verfolgen alle ein Ziel. Eine solche Gruppe nennt man **Mastermind**.

Die drei beschriebenen Vorteile, verstärken sich in einem Mastermind. Der Gruppenzwang, der in diesem Fall etwas Gutes ist, verstärkt sich. Zudem hast du plötzlich einen Fundus an Erfahrungen. Dadurch ist es für dich auch einfacher nachzuvollziehen, ob eine Erfahrung allgemeingültig ist, nämlich von einem Großteil der Gruppe bestätigt werden kann, oder nur spezifisch für diese eine Person gilt.

Damit ein Mastermind effektiv ist, sind einige Regeln zu beachten:[11]
Das Mastermind ist nur so stark wie sein schwächstes Glied. Schon ein unproduktives Mitglied kann dazu führen, dass die ganze Gruppe leidet. Denn plötzlich dient der Trittbrettfahrer als willkommene Ausrede, weniger zu machen als nötig. So kann eine Kettenreaktion ausgelöst werden, in der plötzlich keiner mehr sein Potenzial ausschöpft.

Ein Mastermind lebt von Offenheit und Ehrlichkeit. Folglich sollte in der Gruppe das Vertrauen bestehen, sich anderen zu öffnen und kein Blatt vor den Mund zu nehmen. Deshalb kann ein mehr oder weniger anonymes Mastermind, beispielsweise mit Internetnutzern, einen deutlichen Vorteil gegenüber einem Mastermind mit deinen Freunden haben. In deinem Freundeskreis willst du dein Gesicht wahren, Misserfolge sind dir eher peinlich und du traust dich unter Umständen nicht, Kritik auszusprechen, weil du Angst hast die persönliche Bindung zu deinem Freund zu verschlechtern.

---

[11] Regel 1: Ihr verliert kein Wort über das Mastermind.
Regel 2: Ihr verliert KEIN WORT über das Mastermind.

Ein Mastermind lebt von reger Teilnahme. Diese wird erleichtert, wenn es feste Termine oder Rituale gibt. So könnte es einen festen Termin pro Woche geben, an dem die eigenen Erfahrungen geteilt werden. Oder es könnte eine Tabelle geben, in der Kennzahlen wie beispielsweise die Lernzeit gesammelt werden.

In einem Mastermind muss es ein gemeinsames Ziel geben. Dies muss nicht identisch sein, es sollte aber den gleichen Kern verfolgen. Wenn die Ziele divergieren, bringt der Erfahrungsschatz der Mitstreiter weitaus weniger, als wenn alle das gleiche Ziel verfolgen.
Um die Organisation eines Masterminds zu erleichtern haben wir eine Facebook-Gruppe eingerichtet, in der sich motivierte Studenten finden und wir Tipps und Challenges posten:

Werde zum Elite Studenten –
Die Studentenstoff Mastermind-Gruppe
https://www.facebook.com/groups/427161051314935/

7.9 Erschaffe dir deinen Palast der Träume – Wie du bereits unter der Dusche lernst

Während das Kapitel bisher von der Interaktion mit Leuten in deinem Umfeld handelte, ist es auch möglich, dein direktes Umfeld so zu gestalten, dass es dich täglich motiviert. Für die Zukunft: Du hast kein WG-Zimmer, du hast eine Kommandozentrale! Eine Zentrale, in der es unmöglich ist, nicht produktiv zu sein!

Wie erschaffst du dir deine eigene Kommandozentrale? In dem du sie so gestaltest, dass du unweigerlich an deine Ziele erinnert wirst. Deine Zimmertür enthält eine Liste mit Zielen für die Woche, den Monat oder das Semester. Die Liste siehst du dadurch täglich mehrfach. Deine Zimmerwände sind gefüllt von Postern mit Motivationssprüchen, die dich morgens aus dem Bett katapultieren. An der verglasten Außenfassade der Dusche kleben Zusammenfassungen, sodass du bereits unter der Dusche anfängst zu lernen. Bei der Zubereitung des Frühstücks fällt dein Blick auf den Kühlschrank, an dem eine Liste von Vokabeln hängt. Die Toilettenlektüre (meistens Handy) wird ersetzt durch Karteikarten, die auf der Fensterbank liegen. Der Sperrbildschirm deines Handys wird durch die Formel ergänzt, die einfach nicht in deinen Kopf gehen will. Und auf dem Weg zur Uni hörst du dir einen inspirierenden Podcast an.

Wenn du dir so ein Umfeld schaffst, ist es beinahe unmöglich, zu scheitern. **Worauf wartest du also noch?**

Zusammenfassung

Das persönliche Umfeld hat oftmals unbewusste und starke Auswirkungen auf das eigene Verhalten. Es kann positive Aspekte haben, wodurch Ziele wie von selbst erreicht werden, oder aber negative Folgen, sodass die Zielerreichung erschwert wird. Deshalb ist es wichtig, ein Umfeld zu erschaffen, welches im Einklang mit den eigenen Werten und Visionen ist. Hierzu eignen sich Mitstreiter mit ähnlichen Zielen, Vorbilder und Mentoren, aber auch in der Gestaltung der eigenen Wohnung, bieten sich bereits ungeahnte Möglichkeiten.

Praxisaufgabe

1. Schreibe auf, wie dein Freundeskreis aussehen soll und welche Eigenschaften du selbst benötigst, um einen solchen Freundeskreis aufzubauen.

2. Abonniere einen Podcast oder leihe dir ein Buch aus, von welchem du überzeugt bist, dass es dir weiterhelfen könnte.

3. Mache dir Gedanken, wo du einen persönlichen Mentor finden könntest und unternimm den ersten Schritt (beispielsweise die erste E-Mail schreiben).

4. Nimm die Person aus deinem Freundeskreis oder Bekanntenkreis, die für dich ein Vorbild ist und verabrede ein Treffen.

KAPITEL 8

GOTTES PLAN

Bis hierhin haben wir dir zahlreiche Werkzeuge an die Hand gegeben, um das Studium nach deinen Vorstellungen zu dominieren. Die Lehren jedes einzelnen Kapitels werden dich deinem Abschluss näherbringen. Ihre volle Kraft entfalten sie aber erst, wenn du sie korrekt kombinierst und einen Plan entwickelst – ganz so, als würdest du jetzt alle Zutaten für einen sensationellen Kuchen haben, aber noch nicht genau wissen, wie du ihn backen sollst.

Dein möglicher Erfolg ist angerichtet, jetzt ist es an der Zeit, ihn zu ernten und dafür brauchst du einen Plan! Dieser Plan unterteilt dein riesiges Ziel in Etappenziele, die einfacher erreichbar scheinen, sodass du früh in Bewegung kommst. Zudem erleichtert dir ein guter Plan die Orientierung, gibt dir Sicherheit und zeigt dir, wenn du von deinem Weg abkommst.

8.1 Am Anfang war die Vorbereitung

Wenn du genug Informationen gesammelt hast, kannst du nicht nur strategisch besser, sondern auch effektiver lernen.

Stelle dir vor, dass du auf einmal die Person bist, die während eines Seminars Fragen stellt, oder sich Seminare von einer langweiligen Veranstaltung zu einem Dialog zwischen dir und deinem Professor entwickeln.

Ein netter Nebeneffekt: Du wirkst auf einmal kompetent, intelligent und interessant. Du erzeugst eine Aura, auf die sich die Erfolgreichen, Begabten, Hübschen und diejenigen stürzen, die mehr wollen, als einfach nur durch das Studium zu kommen. Stelle dir einmal eine simple Frage: Macht Ordnen, Aufräumen und Sortieren Spaß?

Bringt es dir sonderlich viel, wenn du nach einem Semester der vollkommenen Dekadenz zwei Tage vor der Klausur anfängst, deine Unterlagen zu sichten?

Glaubst du, dass du langfristig Erfolg haben wirst, wenn du immer erst kurz vor der Deadline anfängst, dir eine Strategie zu überlegen?
Lass mich raten: Du hast jedes Mal mit "Nein" geantwortet und dir gleichzeitig gedacht "Das könnte ich sein..."

Je besser du dich auf ein Semester vorbereitest, desto exzellenter wirst du abschneiden und das hat wesentliche Gründe:

1. Du kannst dir selbst Ziele setzen. Du willst Spitzennoten haben? Dann weißt du bereits zu Beginn des Semesters, wohin dein Weg gehen soll: Auf den Gipfel des Erfolgs. Allein mit dieser Einstellung gehst du bereits in die erste Vorlesung und die Seminare. Du nimmst das Semester deutlich ernster, als du es normalerweise tun würdest.

2. Du setzt automatisch einen anderen Fokus. Anstatt den Rekord im Bier-Exen aufzustellen, wirst du der *Vorzeigestudent* werden, dem sogar alle zutrauen, die maximale Punktzahl zu erreichen, und das in Statistik!

3. Du planst nicht nur das Semester vor, sondern jede einzelne Vorlesung. Du eignest dir Vorwissen an, damit du dein großes Ziel erreichen kannst. So gehst du nicht mehr völlig naiv in eine Vorlesung, stattdessen bist du mit einem Fragenkatalog ausgestattet und nutzt endlich einmal den Professor, um deine Fragen zu klären und nicht nur um fragend zu gucken.

8.2 Der akademische Heiligenschein

Wir Menschen denken alle in Schubladen. Es gibt den Streber, den Sportler, den Vollhonk, der grundsätzlich die Fragen stellt, die bereits beantwortet wurden, und es gibt den Wissenden.
Und nicht nur du denkst in Schubladen, sondern deine Professoren auch. Glaubst du allen Ernstes, dass ein Professor nicht innerlich die Augen verdreht, wenn er einen bestimmten Studenten wiedersieht? Andersherum wird ein Schuh draus: Dein Professor wird innerlich jubeln wie ein gesamtes Fußballstadion, wenn wenigstens sein Ass im Ärmel in der Vorlesung sitzt: im besten Fall du. Du überstrahlst sie alle! Dabei nutzt du den sogenannten Halo-Effekt.[1]

Kurz zusammengefasst: Wenn du dich bereits am Anfang des Semesters als fleißiger Student profilierst, wird dieser Eindruck alles andere dominieren. Dein Prof speichert dich als Genie ab und du wirst auch als Genie behandelt und bewertet. Dieser Effekt ist vor allem in Kleingruppen, wie beispielsweise Seminaren, nicht zu unterschätzen. Wenn du beim ersten Treffen glänzt, mitmachst und dabei besser vorbereitet bist als deine Kommilitonen, hast du einen Bonus, den du nicht so einfach verlierst.

Denn, wie sagt man so schön: **Der erste Eindruck zählt** – und verschafft dir bessere Noten!

[1] Halo: Englisch für Heiligenschein. Der Halo-Effekt ist ein Konzept aus der Sozialpsychologie und beschreibt die verzerrte Wahrnehmung, von einer positiven Eigenschaft einer Person in einem Bereich auf weitere positive Eigenschaften in anderen Bereichen zu schließen.

8.3 Wie du dir planlos den Weg in die Hölle bahnst

Zu Beginn des Semesters ist die Welt noch rosarot. Studenten laufen lachend über den Campus, Kugelschreiber jeglichen Farbspektrums werden verschenkt und das Wetter lädt zum kühlen Blonden in den Biergarten ein. Warum sollte man so früh im Semester schon für die Klausuren planen?

Doch diese Idylle – so verführerisch sie auch sein mag – währt nicht ewig. Scheinbar plötzlich – von einem Tag auf den nächsten – befindest du dich in der Hölle. Aus den lachenden Studenten werden schlaflose Zombies, die Kugelschreiber verwendest du plötzlich für heimtückische Probeklausuren und das kühle Blonde wird nur noch aus Frust getrunken. Du fragst dich: **„Wie zur Hölle bin ich hier nur hingekommen?“**

Was dir nicht bewusst ist: Du hast dein One-Way-Ticket in die Hölle schon vor Wochen – zu Beginn des Semesters – gezogen. Zu dem Zeitpunkt als du noch der Überzeugung warst, keinen Plan zu brauchen. Statt das Fundament für das restliche Semester zu legen, hast du dich ausgeruht. Dadurch kann es schnell passieren, dass du Stoff nachholen musst und du in der Vorlesung nicht mitkommst, weil dir die Grundlagen fehlen: So, als würdest du eine Serie in der Mitte der dritten Staffel beginnen. Nutze die Chance, von Anfang an Kontrolle über das Semester zu gewinnen!

8.4 Dein Semester mit Plan

Bereits die erste Vorlesungswoche bietet die Möglichkeit der Orientierung:

1. Wann sind Deadlines oder Klausurtermine?

2. Bringt mir der Besuch der Vorlesung etwas? Rezitiert der Professor nur das Skript, oder gibt es gar kein Skript, sondern ich muss die Vorlesung besuchen? Wie schnell schreitet der Professor mit dem Stoff voran?

3. Wann sind mögliche Termine für Mentorien oder Übungen? Bis wann muss ich mich angemeldet haben? Wie kann ich meinen Stundenplan optimal gestalten?

4. Muss ich mir Lektüre besorgen?

Im Bestfall sprichst du zudem in der ersten Woche mit höheren Semestern über die einzelnen Module und fragst, was für die Klausur wichtig ist. Hier lohnt sich zudem bereits der erste Blick auf Altklausuren der Professoren, um zu verstehen, was wichtig sein könnte.
In der ersten Vorlesungswoche hast du zudem vergleichsweise viel (Frei-)Zeit. Der Professor konnte noch nicht tief genug in den Stoff einsteigen und die Mentorien, Übungen und Seminare beginnen oft erst später im Semester. Die erste Woche eignet sich somit perfekt, um einen Semesterplan anzufertigen.

Dabei gehst du wie folgt vor:

1. Zuerst notierst du alle wichtigen Fristen. Trägst du sie physisch in einen Kalender ein, gib ihnen auf jeden Fall eine Signalfarbe, sodass sie nicht untergehen. Die meisten Kalender-Apps können dich zudem eine Woche vorher per Mail benachrichtigen, dass eine Frist ansteht.

2. Im nächsten Schritt kategorisierst du alle Module, die du belegen willst. Dadurch wird dir klar, wie du deinen Fokus setzen musst:

Kategorie 1
Modul-Klausuren, deren Bestehen bedroht ist und die Pflichtklausuren gemäß der Studienordnung sind (für diese Kategorie, solltest du am meisten Zeit einplanen, denn sie entscheiden darüber, ob du deinen Abschluss machen kannst)

Kategorie 2
Modul-Klausuren mit einer hohen Gewichtung (viele ECTS)

Kategorie 3
Modul-Klausuren mit einer niedrigen Gewichtung (wenig ECTS)

Kategorie 2 und 3 zeigt dir den Einfluss auf deine Abschlussnote. Wenn ein Modul aus Kategorie 2 doppelt so viele Credit Points bringt, wie ein Modul aus Kategorie 3, solltest du in die Vorbereitung auch doppelt so viel Zeit stecken. Diese Module entscheiden am Ende über einen guten Schnitt.

Kategorie 4
Modulleistungen, deren Bearbeitung mehrere Wochen beanspruchen (Hausarbeiten, Präsentationen oder Abgaben)

Die Kategorie 4 zeigt dir mögliche Engpässe und Wochen, in denen du den Fokus auf die Kategorie 4 setzen musst. Schreibst du beispielsweise eine Hausarbeit, sollte dir bewusst sein, dass du in den zwei Wochen vor Abgabe den Großteil deiner Zeit mit der Hausarbeit verbringen wirst.

Ist die Abgabefrist kurz vor den Klausurterminen, solltest du dir in jedem Fall eine eigene Deadline, weit vor Abgabetermin setzen, sodass die Kategorien 1 und 2 nicht gefährdet sind.

3. Für jede Kategorie setzt du dir ein SMARTES Ziel (siehe Kapitel 2.1) und stellst dir die Frage, was du dafür tun musst:

- Vor- und Nachbereitung der Vorlesungen?
- Vor- und Nachbereitung der Übungen?
- Karteikarten schreiben?
- Lerngruppen bilden?

4. Dein SMARTES Ziel kommt dir riesig und irgendwie unrealistisch vor? In diesem Schritt brichst du es auf Monats- und Wochenziele herunter. Welche Themen willst du im ersten Monat behandelt haben, welche im zweiten und dritten Monat?

Was musst du wöchentlich dafür tun? Bis wann willst du eine Lerngruppe gebildet haben? Mit wem musst du hierfür sprechen? Was kannst du bereits heute tun?

Fixiere es schriftlich. Schaue dir deine Ziele morgens nach dem Aufstehen und abends vor dem Schlafengehen an.

5. Plane in deinem Stundenplan konkrete Zeiträume für die einzelnen Module ein. Dienstags hast du vier Stunden Pause zwischen den Vorlesungen? Perfekt, davon könntest du 3 Stunden für die Vor- und Nachbereitung von Thermodynamik verwenden.
Leider verläuft nichts nach Plan.[2] Mal bist du krank, mal unterschätzt du den Aufwand eines Moduls. Plane reichlich Pufferzeiten für den Anfang ein! Warum? Das erfährst du in Schritt 6.

6. Jetzt geht es darum, den Soll- mit dem Ist-Zustand zu vergleichen. Brauchst du für Thermodynamik vielleicht nur 2 Stunden? Oder brauchst du doppelt so viel Zeit, wie anfangs gedacht? Durch die eingeplanten Pufferzeiten kannst du den Mehraufwand abfangen. Mit der Zeit wirst du ein immer besseres Gefühl dafür bekommen, wie viel Zeit du für jedes Modul pro Woche benötigst. Schaue zudem jeden Sonntag auf Abweichungen zu deinen Wochenzielen, Monatszielen sowie auf dein **SMARTES** Ziel für das Modul. Dadurch stellst du sicher, dass du früh Schieflagen erkennst. Zudem kannst du deine Ziele im Lauf der Zeit anpassen, falls sie völlig unrealistisch gesetzt waren.

---

[2] Frag hier mal bei den Konstrukteuren von Stuttgart 21 nach.

7. Steigere dein Pensum im Hinblick auf die Klausuren und bringe Konstanz in deine Lernstrategie. Bestimme Bearbeitungszeiträume, in denen du täglich mindestens eine Stunde für die Klausur lernst.

In unserem Downloadbereich unter downloads.studentenbibel.de findest du einen exemplarischen Semesterplan mit Bearbeitungszeiträumen sowie eine Vorlage für deinen Semesterplan.

HIER IST EIN DOWNLOAD!

Exklusiver Bonus-Content auf downloads.studentenbibel.de

8.5 Mach mal Pause!

Wer pausenlos lernt, der lernt mehr – ein vollkommener Trugschluss! Denn nach einer gewissen Zeit ist dein Hirn nicht mehr aufnahmefähig und du beginnst, geistig und auch körperlich abzubauen. Du bist nicht nur reizbar, sondern zudem mit deinen Gedanken überall, nur nicht mehr bei deinem Lernthema. Oder kurz gesagt: Du brauchst eine Pause.

Doch auch hier gibt es Unterschiede: Während die einen ihre Pause nutzen, vergeuden andere die wichtigen Minuten und sind nach der Pause genauso ausgelaugt, wie davor.

Die richtigen Pausen

Du solltest dir selbst ein Timing setzen, wann du Pausen machst. Wesentlich mehr als 90 Minuten solltest du nicht am Stück lernen, denn dann lässt nachweislich die Konzentration nach und du kommst kaum noch voran.

Meistens merkst du selbst, wann der Kopf voll und der Akku leer ist. Was du dann versuchst zu lernen, dauert ewig und am Ende kannst du dir nichts mehr behalten und betest zu Gott, dass genau dieses Thema in der Klausur nicht drankommt.

Was du in der Pause machen musst

Mache ruhig ab und zu mal 3–5 Minuten Pause und entspanne dich. Gerade dann, wenn du viel sitzt, gilt: Bewegung! Du hast 4 Stunden in der stickigen Unibib verbracht? Dann gehe raus an die frische Luft! Sorge immer für einen Ausgleich, denn an den eigentlichen Belastungen, wie Klausurenpauken, Vorträge vorbereiten oder Hausarbeit schreiben, kannst du wenig ändern – da musst du durch. Aber du kannst etwas an deinem Umgang damit ändern.

1. Achte auf deine Atmung.

Allein das sorgt dafür, dass du in eine Entspannungsphase kommst und du deinen Stresspegel senkst. Setze dich aufrecht hin und atme durch die Nase ein und aus. Wiederhole es mehrmals, bis du spürst, dass du ruhig und gelassen bist.

2. Lobe dich selbst

Sensationell! Was du alles in der letzten Stunde geschafft hast: Das ist wirklich großartig! Seien wir ehrlich: Wir müssen uns nicht immer selbst fertig machen oder über Probleme grübeln. Dafür gibt es Professoren. Klopf dir ruhig einmal selbst auf die Schulter – das steigert deine Laune und deine Motivation!

3. Schalte wirklich alle Geräte ab

Pause heißt Pause und nicht: Nochmal kurz die Mails checken, bei Facebook schauen, ob der oder die Ex bereits einen neuen Partner hat. Auch “nur noch das Kapitel” hat in deiner Pause nichts verloren. Geräte abschalten und nur einmal den Moment für sich genießen.

4. Entspanne deine Muskeln
Wer liest und lernt, der nimmt automatisch eine angespannte Haltung ein. Deswegen streck ruhig in den Pausen den Rücken durch, entspanne die Schultern und den Kiefer oder spaziere durch die Bibliothek.

5. An alle Raucher
Ihr macht alles richtig. Bis auf das Rauchen, aber nobody is perfect.

8.6 Wer reflektiert, der dominiert

All deine Bemühungen nützen dir rein gar nichts, wenn du nicht immer wieder darüber nachdenkst und reflektierst. Ohne Reflexion machst du nämlich immer wieder identische Fehler und wirst nicht daraus lernen!

Wir lügen uns alle gerne etwas vor. Besonders dann, wenn wir einmal eine gute Note geschrieben haben und – oh Wunder – der Rest des Kurses auch. Wenn 80% innerhalb eines Seminars 15 Punkte geschrieben haben, dann lag es an der Klausur und nicht an dir!

Rekapituliere einmal alle Klausuren: Wo hast du besonders gut und wo absolut schlecht abgeschnitten?

Wenn das Kind in den Brunnen gefallen ist...
Ein absoluter Fehlschluss lautet: Ich habe in der Klausur Mist gebaut. Nein, hast du nicht. Du kannst in der Klausur nur das wiedergeben, was du in der Vorbereitung gelernt hast.
Das heißt: Du hast beim Lernen versagt, nicht in der Klausur (außer bei einem Blackout...)

Schaue einmal, welche Fehler du grundsätzlich bei der Vorbereitung einer Klausur machst: Erkenne die Fehler und stelle sie ab!

Nimm Einsicht in deine Klausuren!

Kaum ist die Klausur geschrieben, dann gelten zwei Dinge:

1. Du willst, so schnell es geht, aus der Kammer des Schreckens.
2. Du willst sie nie wiedersehen.

Doch genau hier lässt der Herr Hirn walten: Es gibt keinen größeren Lerneffekt, als bei der Klausureneinsicht.

Du liest deine Fehler schwarz auf weiß und meistens sind sie sogar mit Kommentar des Profs versehen. Das heißt für dich: Du bekommst direktes Feedback und siehst genau, wo deine Fehlerquellen – und wo deine Stärken liegen.

Stelle dir danach die Frage: Würdest du die Klausur nochmal schreiben müssen, was würdest du anders machen? Wohin würdest du deinen Lernschwerpunkt legen?

Oder treibe es auf die Spitze:

Wenn du das Semester wiederholen könntest: Was würdest du anders machen? Würdest du mehr Vorlesungen besuchen oder mehr Notizen anfertigen? Warum hast du die eine Frage nicht beantworten können – warst du etwa abgelenkt?

Gehe Schritt für Schritt vor und notiere dir deine Ergebnisse. Und genau diese Liste ist dein Plan für das kommende Semester und für die nächste Klausurvorbereitung! Die nächsten Punkte helfen dir dabei, ab sofort ein göttliches Semester zu absolvieren.

Was klappt gut und was schlecht?

Strategisches Lernen hat einen viel größeren und besseren Effekt für dich! Notiere dir einmal die 20% deiner Lernstrategie, die dich weitergebracht haben. Hier weißt du, dass du auf dem richtigen Weg zum Heiligen Gral, deinem Abschlusszeugnis bist. Und dann musst du ins Fegefeuer: Welche 20% sorgen immer wieder dafür, dass du dir die Finger verbrennst und dein Notenschnitt darunter leidet?

Das Tor zum Himmel: Probeklausuren

Im Leistungssport gibt es eine Regel: Ein Trainingsweltmeister verzweifelt am Wettbewerb. Manche Menschen sind sensationell, wenn es darum geht, die Theorie zu beherrschen, aber im Wettkampf gehen ihnen die Nerven durch und sie scheitern kläglich. Vielleicht leidest du unter chronischer Prüfungsangst, bekommst einen Blackout oder bist mit der Situation überfordert? Hierfür gibt es einen Trick, der dich in vielerlei Hinsicht unterstützt: Probeklausuren.

Durch Probeklausuren, oder auch Altklausuren genannt, wirst du sehen, wie dein Professor denkt und welche Schwerpunkte er setzt. Das spart dir viel Zeit beim Lernen und nimmt dir die Angst. Immerhin weißt du jetzt, wie die große Hürde aussieht.

Und du kannst den Ernstfall proben:
Nutze die Klausur, als wäre es die richtige Klausur.
Das heißt: In der Vorbereitung legst du dir eine Deadline fest, bis wann du mit dem Lernstoff fertig sein musst. Dann schreibst du die Probeklausur unter möglichst realen Bedingungen. Du schreibst sie nur in der vorgegebenen Zeit. Du schreibst sie zur selben Uhrzeit.
Nicht nur testest du dein Wissen, sondern lernst auch den Stil deines Professors kennen.

Welche Schwerpunkte setzt er? Wie stellt und bepunktet er die unterschiedlichen Fragen? Erkennst du spezielle Muster innerhalb der Klausur? Allein dadurch lernst du, was wichtig und was irrelevant ist. So wirst du zum absoluten Notenfischer und überstehst auch die schwierigsten Katastrophen während einer Klausur!

Jedes Semester ein wenig besser

Der Reflexionsprozess ermöglicht es dir, deine Stärken und Schwächen besser kennenzulernen. Nimm ihn ernst und ziehe deine Lehren. Dadurch wirst du nicht nur besser, sondern auch entspannter durchs Studium kommen. Du wirst begreifen, was unnötig war und wo du Zeit verschwendet hast: Zeit, die du im nächsten Semester für die wirklich wichtigen Dinge hast.

Zusammenfassung

Durch einen detailierten Aktionsplan stellst du sicher, über das komplette Semester eine konkrete Orientierung zu haben und bei dem Stoff mitzuhalten. Dadurch kannst du das Maximum aus Lehrveranstaltungen ziehen und Inhalte tiefer verarbeiten.

Dein Plan zeigt dir zudem, ob du auf dem richtigen Weg bist oder wo du nachjustieren musst. Nach den Klausuren endet das Semester für dich nicht. Du nutzt die Prüfungsergebnisse und Klausureinsichten, um deine Stärken und Schwächen zu erkennen.

Praxistipps

1. Bereite dich so auf Lehrveranstaltungen vor, dass du Nachfragen stellen kannst.

2. Schreibe einen konkreten Aktionsplan zu Beginn des Semesters.

3. Gehe in die Klausureinsichten und identifiziere Fehlerquellen.

AMEN.

KAPITEL 9

KARRIERELEITER DIREKT INS PARADIES

An dieser Stelle des Buches solltest du wissen, wie man richtig lernt und gute Noten schreibt. Aber hast du da auch Bock drauf?!

Tatsächlich ist es auch möglich, mit mittelmäßigen Noten Karriere zu machen.[1] Das mag für die meisten kaum vorstellbar sein: Dabei hat doch bereits die eigene Oma beteuert, wie wichtig gute Noten sind, und in jeder zweiten Stellenbeschreibung ist die Bedeutung eines guten Durchschnitts hervorgehoben. Gute Noten sind EIN Weg einen erfüllenden Job zu erhalten. Ein alternativer Weg ist es, während des Studiums möglichst viele Erfahrungen zu sammeln und sich ein großes Netzwerk aufzubauen.

9.1 Ein Lebenslauf wie kein anderer

Für den Berufseinstieg solltest du dich kritisch hinterfragen: Was macht mich anders als die hundert weiteren Bewerber? Falls du darauf keine Antwort hast, solltest du bald etwas ändern: Engagiere dich! Es gibt so viele Dinge auf der Welt, die falsch laufen. Sei keine der Personen, die nur meckern, sei einer der Menschen, die etwas verändern! Suche dir neben deinem Studium eine Mission, die dich antreibt. Diese kann für jeden etwas anderes sein. Beispiele gefällig? Dich beschäftigen die gesellschaftlichen Entwicklungen? Tritt der Flüchtlingshilfe bei oder hilf bei der Obdachlosenspeisung. Es gibt keine Obdachlosenspeisung in deiner Stadt? Organisiere sie! Du wirst schneller Mitstreiter finden, als du denkst. So verleihst du deinem Leben zusätzlichen Sinn. Du eignest dir Wissen an, um Menschen zu helfen, nicht nur für dich selbst.

Ein spezieller Bereich deines Studiums kommt viel zu kurz, obwohl du ihn extrem spannend findest? Gründe mit Kommilitonen eine Interessensgruppe oder einen Verein.

---

[1] Das gilt nicht für jeden Berufszweig. Willst du beispielsweise in eine der „top" Unternehmensberatungen sind gute Noten extrem wichtig. Informiere dich im Vorfeld, in welchen Bereichen du WIRKLICH gute Noten brauchst.

Du schreibst gerne? Starte deinen eigenen Blog! Oder schreibe ein Buch darüber, wie man richtig studiert...[2]

Es gibt einen weiteren Studiengang, der dich fasziniert? Besuch einzelne Module, beispielsweise über eine Fern-Universität. Dich kotzt der ASTA deiner Uni an? Tritt einer politischen Hochschulgruppe bei. Indem du dich engagierst, differenzierst du dich von zukünftigen Bewerbern im Wettbewerb um deinen Traumberuf. Vielleicht sogar stärker als es über Noten möglich wäre: Denn es gibt immer jemanden mit besseren Noten! Es gibt aber noch einen weiteren Vorteil: Du erweiterst dein Netzwerk kontinuierlich und lernst Menschen mit ähnlichen Vorlieben kennen. Die Vorteile eines größeren Netzwerks werden auch „Vitamin B" genannt.

9.2 Vitamin B

Es ist nicht ganz klar, wie viele Jobs über persönliche Kontakte vergeben werden. Studien zufolge sind es rund ein Drittel aller Stellen. Eine Möglichkeit hierfür ist es, politischen Parteien, Vereinen oder Verbindungen beizutreten. Es gibt unzählige Möglichkeiten, was bedeutet, dass man sich festlegen muss. Der einfachste Weg hierfür ist es am Anfang des Semesters, wenn in der Regel noch nicht so viel Stress ist, in möglichst viele Organisationen reinzuschauen. Schnell wirst du ein Gefühl dafür bekommen, wo dich zum einen die Menschen faszinieren und zum anderen die Thematik interessiert. Diesen Verbund besuchst du regelmäßig und lernst dadurch viele spannende Menschen kennen. Wichtig: Deine Teilnahme sollte sich nicht wie Arbeit anfühlen, sondern dir wirklich Spaß machen. Falls sie dich nicht erfüllt: Finger weg!

Ein Weg, auf dem du deinen Vitamin B-Speicher noch stärker auffüllen kannst, ist durch Berufserfahrung als Werkstudent oder in Praktika. Im Bestfall lernst du so Menschen kennen, die dich später einstellen wollen. Und das ohne das Schreiben einer Bewerbung. Darüber hinaus

[2] Gibt in diesem Bereich nur Schrott auf dem Markt.

sammelst du Berufserfahrung, die dich wiederum wertvoller für andere Unternehmen macht. Die Frage, die sich aber nun stellt, wie kommt man in spannende Unternehmen überhaupt rein? Speziell, wenn man am Anfang seines Studiums steht und sich von den anderen Bewerbern nicht differenzieren kann?

9.3 Den Einstieg finden

Du hast mehrere Unternehmen im Blick, bei denen du gerne anfangen würdest zu arbeiten, sei es in einem Praktikum oder als Werkstudent? Du könntest dich online bewerben und bist im schlechtesten Fall wieder einer unter Tausenden. Wenn du Pech hast, fällst du bereits aus dem Raster des Unternehmens, während du im Formular deinen Notenschnitt eingibst.

Auch hier gilt wieder: Differenziere dich und verschaffe dir schnell Vitamin B. Sofern du keinen Bekannten im Unternehmen hast, halte die Augen offen, das Unternehmen bei öffentlichen Veranstaltungen kennenzulernen. Hierfür eignen sich Jobmessen, Vorträge und Workshops. Hier triffst du die Macher, Denker und Lenker direkt und kannst sie vor Ort überzeugen. Bereite dich vor, sodass du selbstbewusst auftrittst und schnell zum Punkt kommst. Für den Fall, dass dein potenzieller Ansprechpartner kaum Zeit hat, solltest du einen **„Elevator Pitch“** zur Hand haben.

Der „Elevator Pitch“ ist eine Metapher aus dem Geschäftsumfeld: Stelle dir vor, du würdest bei einem riesigen Konzern arbeiten und hättest eine geniale Idee, mit der du das Unternehmen in neue Sphären katapultieren könntest. Diese Idee ist nicht gerade kostengünstig, sprich du brauchst tatkräftige (und reiche) Unterstützung. Du steigst morgens in den Fahrstuhl und die Chance deines Lebens ergibt sich. Neben dir steht der Geschäftsführer, der dich vorher noch nie gesehen hat. Sein Büro ist im obersten Stock, denn dort ist nun mal die schönste Aussicht. Du hast jetzt die Möglichkeit auf einige Sekunden seiner wertvollen Aufmerksamkeit! Was machst du?

a) Du fängst an, dich vorzustellen, wie alt du bist, wo du herkommst, was dein Lieblingseis ist, ehe du über deine Bindungsängste sprichst, die den Grund für dein Single-Dasein darstellen.

b) Du drückst den Knopf für jedes Stockwerk, um dir mehr Zeit zu erkaufen und über deine Bindungsängste sprechen zu können.

c) Du verlierst keine Zeit und erzählst ihm innerhalb von 20-30 Sekunden von deiner Idee und erklärst, warum er sie umsetzen muss.

Du ahnst es! Antwort b) ist zwar auch ziemlich genial, aber Option c) ist am ehesten mit einer Gehaltserhöhung verbunden. Was erzählst du in diesen 20-30 Sekunden genau?

Drei Bestandteile sollten in deinem Pitch vorhanden sein.
Die Vorstellung, das Ziel und der „**Reason Why**":

1. Vorstellung
Name, Abteilung oder Studiengang

2. Ziel
„Ich habe eine großartige Idee, um das Problem XY zu lösen." oder „Ich will bei Ihnen ein Praktikum absolvieren!"

3. Reason Why
Erklärung, welche Idee du hast oder warum du das Praktikum bekommen solltest. Stelle eine persönliche Verbindung zu dir her. Zeige dem Entscheider seinen Vorteil auf. Warum sollte er dir vertrauen?

Generell gilt: Mache Personalern das Leben so einfach wie möglich! Du weißt, für welches Praktikum, du dich bewerben willst? Dann nimm den Lebenslauf und deine Bewerbung mit zur Messe und übergib sie dem Personaler. Dieser Trick erscheint lächerlich einfach, hat aber sehr hohe Erfolgschancen. Du darfst nie vergessen, je mehr Arbeit du dem Personaler abnimmst, desto besser. Und dadurch, dass er dich persönlich auf der Messe kennenlernt und direkt deine Bewerbung vorliegen hat, hast du ihm viel Arbeit abgenommen. Wenn dein erster Eindruck nun positiv ist, weiß er, dass er dir nur eine Mail schreiben muss und die Stelle so gut wie besetzt ist.[3]

Gleiches gilt für Workshops oder Vorträge. Sie bieten die Möglichkeit, direkt in den Kontakt mit den Entscheidern zu treten. Anstelle des Bewerbungstools auf der Homepage bietet dir oftmals eine Visitenkarte die Chance, dich bei der Personalabteilung direkt zu bewerben. Und schon bist du nicht mehr einer unter Hunderten, sondern der Student, mit dem sie vor kurzem erst gesprochen haben und der sich über Einstiegsmöglichkeiten informiert hat.

Zusammenfassung

Im Studium gibt es zahlreiche Möglichkeiten, den direkten Kontakt zu Unternehmensvertretern herzustellen. Dadurch besteht die Chance, sich von anderen Bewerbern abzuheben und bessere Einstiegsmöglichkeiten zu erhalten.

Besteht die Aussicht, einen Entscheider kennenzulernen, gilt es, Mut zu fassen und sich über Einstiegsmöglichkeiten zu informieren. Eine gute Vorbereitung ist hierbei oftmals der Schlüssel zum Erfolg.

---

[3] Darüber hinaus müssen Personaler den Erfolg der Messe oftmals rechtfertigen. Deine Bewerbung hilft ihnen direkt.

Praxisaufgaben

1. Formuliere einen Elevator-Pitch für ein konkretes Ziel.

2. Informiere dich über Möglichkeiten, wie du dich in deinem Interessenbereich (sozial) engagieren kannst.

3. Schaue nach einem Unternehmen, in dem du gerne eines Tages arbeiten würdest, und überlege, welche Möglichkeiten es gibt, schon in der Studienzeit den Kontakt herzustellen.

AMEN.

KAPITEL 10

HÖLLE, HÖLLE, HÖLLE

Nicht jeder Student schafft es in das Paradies und hat einen Abschluss. Du wanderst durch die finsteren Gänge der Uni und hast gerade erfahren, dass du es so richtig verbockt hast.

Noch schlimmer: Alle anderen Studenten grinsen, lachen und sind fröhlich. Nur dir ist nicht danach, denn du weißt, dass du deine Klausur so tief in den Sand gesetzt hast, dass es vermutlich Jahre dauern wird, bis es Archäologen schaffen werden, da auch nur einen positiven Aspekt auszugraben.

Oder dein Traum von einem akademischen Abschluss hat sich in Schall und Rauch aufgelöst, du wirst exmatrikuliert, weil du erneut durchgefallen bist. Du siehst kein Licht am Ende des Tunnels und weißt nicht mehr weiter.

Was jetzt? Dein Traum ist zerplatzt. **Aber ist er das wirklich?**

10.1 Die Kreise der Hölle

Du hast eine herbe Niederlage kassiert, du darfst dich schlecht fühlen! Du hast die Erlaubnis dazu und jetzt heißt es: Die ganze Welt kann dich mal! Versinke für einige Stunden in Selbstmitleid, taufe deine Seele mit Erkenntnis.

Ganz egal, in welcher Lebenssituation du dich befindest, ob innerhalb oder außerhalb der Uni. Halte dich an diesen kleinen "Leidfaden", damit du immer wieder aus der Hölle[1] kommst:

Du bist in der Hölle. Jetzt hast du die Gelegenheit zu zeigen, aus welchem Holz du geschnitzt bist. Ob du direkt beim ersten Widerstand das Handtuch schmeißt oder mit blutigen Lippen anfängst, zu lachen und in den Himmel „War das schon alles?" zu schreien?

Du warst die letzten Wochen stark erkältet? Deine Freundin hat

[1] Falls du noch nie in der Hölle warst – Hör nicht auf die Gerüchte! Es gibt weder wilde Orgien, noch schnelles Internet oder VIP-Bändchen.

Schluss gemacht? Der Stoff war zu schwer? Viele Wege führen nach Rom, äh in die Hölle. Egal wie berechtigt deine Ausrede sein mag – in den meisten Fällen ist sie es nicht – du steckst tief und fest in diesem feurigen Loch mit Satan. Du kannst dich selbst bemitleiden, aber das führt nur dazu, dass der Teufel die nächste Schippe voller Kohle ins Feuer schleudert und es da unten noch ein bisschen wärmer wird.
Die Situation ist beschissen und du kannst sie nicht ändern:

Akzeptiere

Das ist der erste Schritt, um die Hölle zu verlassen. Statt sich zu 100% auf das Problem zu fixieren, muss der Fokus nun auf die Lösung des Problems geschoben werden. Hierbei hilft dir eine gesunde Einstellung – und diese in der Hölle zu bewahren, ist gar nicht so einfach. Doch es gibt einen Trick:

Relativiere

Du hast das Gefühl, du bist allein in der Hölle? Das ist ein Trugschluss. Schau: Es gibt über 7 Milliarden Menschen auf diesem Planeten. Tausende von Menschen auf dieser Welt sind im Moment höchstwahrscheinlich in einer ähnlichen Situation oder haben diese bereits durchgemacht. Was aber noch spannender ist: Was du als Hölle betrachtest, wäre für einen großen Teil der Weltbevölkerung eher ein himmlisches Geschenk. Die Klausur steht an, du hast viel zu wenig gelernt und Panik durchzufallen? Stelle dir vor, dass du diese Angst einem Kind in einem Krisengebiet mitteilen würdest. Würdest du es überhaupt tun? Vermutlich nicht, weil du selbst weißt, wie lächerlich deine Probleme im Vergleich zu denen des kleinen Kindes, respektive der Weltbevölkerung, sind. Denn du verlässt deine kleine Blase und betrachtest das Problem aus einer neuen Perspektive. Plötzlich fällt der Druck von deinen Schultern ab und du bist nicht mehr die besondere Schneeflocke, die allein durch die Dunkelheit wandern muss. Du bist bereit für den nächsten und wohl wichtigsten Schritt:

Handele

Genug gejammert, jetzt geht es wieder nach vorne. Stelle dir die RICHTIGEN Fragen und finde Antworten darauf. Richtige Fragen sind:

- Was sind jetzt die wichtigsten Schritte?
- Wie kann ich Einfluss auf die Situation nehmen?
- Kann ich meine Einstellung so ändern, dass ich mit der Situation besser umgehen kann?

Fragen wie diese sind lösungsorientiert. Du verlässt dadurch die Opfer-Rolle und stellst die Weichen für den Weg aus der Hölle. Mache dir als Nächstes einen Plan mit Schritten, die du tätigen kannst. Versuche diese Schritte so weit wie möglich herunterzubrechen.

Du brauchst jetzt Selbstbewusstsein und jeder winzige Teilerfolg wird dieses wiederaufbauen. Beispiel: Du hast nur noch wenige Tage Zeit, um für die Geologie-Klausur zu lernen und kannst bisher fast gar nichts. Viele Studenten würden nun blind mit dem Lernen beginnen. Ein schlechter Plan wäre in den meisten Fällen:

- Alle Vorlesungen durchgehen und zusammenfassen
- Alle Übungen durchgehen
- Probeklausuren anschauen

Ein guter Plan sieht so aus: (Beachte die Vielzahl an kleinen Schritten)

- Erkennen, was ich für die Klausur wissen muss
- Probeklausuren ausdrucken
- Probeklausuren durchgehen
- Aufgabentypen identifizieren, welche am häufigsten in Klausuren vorkommen
- Analysen, welche Aufgaben im Vergleich zu der Anzahl an Punkten am leichtesten zu lernen sind
- In WhatsApp-Gruppe nachfragen, was die Kommilitonen priorisieren

Eine solche Liste schützt dich nicht nur vor blindem Aktionismus, sondern ermöglicht es dir, durch die kleinen Teilschritte neues Selbstbewusstsein aufzubauen. Das Ausdrucken der Probeklausur sowie das Nachfragen in der Gruppe lässt sich immerhin in fünf Minuten erledigen. Nichtsdestotrotz wird sich dadurch das Gefühl entwickeln, dass du auf dem richtigen Weg bist. Dieses kleinschrittige Vorgehen hat einen weiteren Vorteil: Die psychologische Barriere, überhaupt mit dem Stoff anzufangen, wird deutlich herabgesetzt, da aus dem schier unüberbrückbaren Berg voller Aufgaben, eine mundgerechte Portion wird. Die Gefahr dennoch zu prokrastinieren, lässt sich hingegen weiter reduzieren. Das Stichwort hierfür lautet:

Eliminiere

Bist du in der Hölle gelandet, weil du gesündigt hast? Weil du Vorlesungen durch Ausschlafen ersetzt hast? Weil du den Facebook-Feed inzwischen besser als Mark Zuckerberg kennst? Die Zeiten des Spaßes müssen JETZT enden. Du willst ja schließlich aus der Hölle raus, oder?! Eliminiere alles, was dich an deiner Zielerreichung wirklich hindert: Bring deine Playstation zu deinem besten Kumpel, zieh den Stecker des Fernsehers, blocke Apps, die dich ablenken, und verbrenne die Bilder deiner Ex-Freundin, die dich verlassen hat, aber an die du ständig denken musst. Und auch der Pullover des Verflossenen gehört von nun der Geschichte an.

10.2 Worst Case – Uni Ade?

Game Over. Das war es für dich in deinem Studiengang an dieser Uni. Das ist die bitterste Pille, die ein Student schlucken kann. Du hängst am akademischen Kreuz und hast keinerlei Chance mehr.
Was nun?

1. Kannst du an einer anderen Uni studieren?
Du bist für deinen Studiengang an der Uni ab sofort gesperrt. Das heißt aber nicht automatisch, dass du das Fach nicht doch weiter studieren kannst. Informiere dich einmal, ob du an einer anderen Uni in einem anderen Bundesland dieses Studium weiterführen kannst!

2. Kannst du einen anderen Studiengang wählen?
Würde dich ein anderer Studiengang eventuell reizen? Vielleicht hast du noch eine verborgene Leidenschaft und könntest dir vorstellen, dass du in ein anderes Studium wechselst und dort deine Erfüllung findest?

3. Ausbildung?
Manchmal, gerade dann, wenn du dich sehr im Studium gequält hast, ist eine sinnvolle Alternative eine Ausbildung. Der Mythos, dass du nur als Studierter viel Geld verdienst, ist mittlerweile widerlegt und gehört in die Kategorie Märchen. Gerade durch eine Ausbildung erhältst du schnelle und gute Einblicke in die Arbeitswelt und kannst dort deine Stärken ausspielen! Durch ein Duales Studium hast du zudem die Möglichkeit Arbeit und Studium zu vereinbaren. So hast du durch die geregelten Arbeitszeiten eine Struktur und die „Uni-Zeit“ ist wesentlich komprimiert.

4. Ausland?
Du willst unbedingt studieren, aber es funktioniert nicht in Deutschland? Mache es wie die Jünger Jesus und versuche dein Glück im Ausland! Auch dort kannst du Studiengänge belegen, die deiner Leidenschaft entsprechen und für die du brennst. Das heißt: Du kannst dein Studium fortsetzen und lernst noch eine Fremdsprache dazu!

10.3 Das Studium quält dich

Das Studium besteht nicht nur aus Partys und chilligen Abenden in der WG. Nicht jedes Thema fasziniert dich. Das ist ganz normal. Manchmal bemerkst du aber auch, dass dein komplettes Studium ein Martyrium ist. Dass du dich jeden Morgen auf dem Weg zur Uni bei dem Gedanken ertappst, alles hinzuschmeißen. Und letztlich weißt du, dass dich dieser Weg nicht glücklich machen wird. Vielleicht stellst du auch fest, dass du das falsche Studienfach gewählt hast. Verdammt, woher solltest du wissen, was das Richtige für dich ist?! Wir sind hier nicht bei Harry Potter, wo ein magischer Hut dir sagt: „Ah klassischer Nerd, studiere Mathe!"

Dennoch gibt es hundert Gründe, warum es für dich keinen Ausweg gibt. Dein Wunschstudiengang hat einen NC, von dem du weit entfernt bist. Deine Eltern erwarten, dass du irgendwann ihre Praxis übernehmen wirst. Du bist bereits mit der Hälfte des Studiums durch und jetzt macht es keinen Sinn mehr, etwas Neues anzufangen.

Hinterfrage deine Begründungen. Hast du wirklich keine Wahl? Klar ist, es wird nicht einfach! Du musst mit Widerständen kämpfen. Diese können materiell und auch psychisch sein. Und unter Umständen musst du wesentlich härter als andere kämpfen. Mach dich darauf gefasst, dass es hart wird.

Doch was ist die Alternative:
Dass du dich ein Leben lang fragen wirst, was wäre wenn?
Dass du die nächsten 40 Jahre in einem Beruf arbeiten wirst, auf den du keinen Bock hast?

Dass du Menschen Schuldvorwürfe machen wirst, weil du dich von ihrem Willen leiten lassen hast?

Gehe die Extrameile und mache das, worauf du wirklich Bock hast. Gib alles, denn dann kannst du dir keinen Vorwurf machen. Und wenn es sein muss, höre auf zu studieren!

10.4 (Disclaimer: Psychologische Hilfe)

Wir hoffen, dir mit den Tipps aus der Hölle ein wenig geholfen zu haben, dennoch ist uns bewusst, dass es tieferliegende Probleme gibt, die sich nicht mit ein paar Tipps lösen lassen. Für viele Menschen, die nie mit einer Depression zu kämpfen hatten, ist es schwer nachvollziehbar, welche Auswirkungen dieser Hormoncocktail auf den Körper haben kann. Vielleicht hast du das Gefühl, dass mit dir etwas nicht stimmt, dass du nicht normal bist. Tatsächlich hat inzwischen aber jeder vierte Student psychische Probleme.

Du bist nicht allein und es ist keine Schande, Hilfe anzunehmen. Hierfür gibt es zahlreiche Hotlines, die du anrufen kannst, sollte es dir überhaupt nicht gut gehen. Falls du das Gefühl hast, es allein nicht zu schaffen, suche dir einen Psychologen. Dafür ist dieser da.

BONUS-KAPITEL

GEBOTE DES SCHEITERNS

Scheitern ist immer grauenvoll, und machen wir uns nichts vor, es ist ein richtig fieses Gefühl. Und gerade zu Beginn ist es kein Trost, wenn du dein Scheitern bemerkst, aber folge den 10 Geboten des Scheiterns und du wirst sehen, dass du ein Gewinner bist!

1. Erfolgreiche Menschen scheitern

Nimm dir eine erfolgreiche Persönlichkeit, – ganz egal ,welche es ist, und durchforste die Biographie. Tada, na, wie oft ist die Person gescheitert? Mindestens ein Mal. Scheitern gehört zum Lernprozess dazu! Oder hast du als Baby nach dem ersten Sturz bei den Gehversuchen aufgegeben?

2. Vergangenheit ist vergangen

Schön, du hast einen Fehler gemacht und bist bei einer Sache gescheitert? Das liegt ab jetzt in der Vergangenheit! Deine Zukunft ist eine andere. Lebe im Hier und Jetzt und schaue nach vorne. Die Vergangenheit kannst du nicht ändern, die Zukunft schon!

3. Negativer Glaube hilft dem Teufel

Wenn du davon ausgehst, dass du erneut scheiterst, dann wird das auch passieren. Du wirst Ausreden erfinden, warum das Lernen sinnlos ist. Du wirst ja eh durchfallen…

Mit dieser Einstellung mit Sicherheit. Deine Gedanken bestimmen deine Handlungen, bleib positiv.

4. Sei, wer du sein willst

Nur weil dir mal jemand gesagt hat, dass du nichts drauf hast, heißt es noch lange nicht, dass diese Person recht hat. Wer kennt dich besser als du dich selbst? Steckt die andere Person 24 Stunden in deinem Körper? Nein! Folge deinen Träumen und werde, wer du sein willst.

5. Alle Dinge haben zwei Seiten

Du bist durch eine Prüfung gefallen? Na und? Jetzt kannst du statt einer 4 eine 1 schreiben! Das kannst du aber nur, weil du die Klausur noch einmal schreiben musst. Alle Sachen haben zwei Seiten, konzentriere dich auf die Chancen.

6. Kontinuität ist der Schlüssel

Es ist wie im Sport: Wenn du richtig gut werden willst, musst du regelmäßig trainieren. Spitzensportler trainieren täglich und ordnen alles dem Erfolg unter.

Es bringt wenig, eine Nachtschicht einzulegen und dann drei Tage lang die Beine hochzulegen. Zwinge dich, kontinuierlich zu lernen, und fokussiere dich auf den Prozess.

7. Niemand ist allein

Du bist in vielen Dingen scheinbar nur auf dich allein gestellt. Doch das ist ein Irrtum, du hast Freunde, du hast Familie und du kannst dir an der Uni immer Hilfe holen, wenn etwas nicht läuft. Wenn du etwas nicht verstehst, dann frage einmal im Seminar bei deinen Kommilitonen oder in Lerngruppen nach. Eine Person weiß immer Rat.

8. Du kannst, weil du willst!

Du willst einen Abschluss an der Uni haben und ins hochgelobte Land der akademischen Abschlüsse? Dann tue etwas dafür, denn du willst den Abschluss!

9. Übernimm Verantwortung!

Du bist durchgefallen, weil die Klausur so schwer war und der Professor ein echter Arsch ist? Nein, du bist durchgefallen, weil du den Stoff nicht gut genug beherrscht hast. Genauso hast du die Klausur bestanden, weil du genug gelernt hast.

Machst du äußere Umstände dafür verantwortlich, verlierst du die Macht über die Situation. Du bist verantwortlich.

10. Weitermachen!

Ganz egal, wie spät es ist oder wie aussichtslos es scheint: Mache weiter, denn das ist immer die bessere Variante als die Alternative: Aufgeben. Das kann jeder und das Ergebnis steht bereits jetzt fest: Du landest in der Hölle.

Die Gebote des Scheiterns findest du komprimiert auf einer PDF-Seite zum Ausdrucken in unserem Download-Bereich unter:

downloads.studentenbibel.de

AMEN.

HIER IST EIN DOWNLOAD!

Exklusiver Bonus-Content auf
downloads.studentenbibel.de

Das war‘s?

NICHT GANZ

Gehe jetzt auf

downloads.studentenbibel.de

und sicher dir exklusiven Zugang zu allen Download-PDFs aus dem Buch.

Verteilt über die Studentenbibel hast du immer wieder Hinweise zu unserem Downloadbereich gesehen. In diesem finden sich Templates zur Organisation deines Studiums, konkrete Übungen und auch ein Ablassbrief. Wir versuchen den Downloadbereich immer wieder zu aktualisieren, sodass hier über die Zeit hinweg neue Tools und exklusive Beiträge hinzukommen können.

Den Download-Bereich findest du unter
downloads.studentenbibel.de

Darüber hinaus finden sich zahlreiche Blog-Artikel zu einzelnen Aspekten des Studiums auf unserem Studentestoff-Blog unter
studentenstoff.de/blog

Auf Facebook erscheinen zudem exklusive Lektionen in unserer Mastermind-Gruppe „Werde zum Elite Studenten – Die Studentenstoff Mastermind-Gruppe unter
facebook.com/groups/427161051314935

Die witzigsten Sprüche zum Studentenleben findest du zudem auf allen großen Social Media Plattformen auf @Studentenstoff!

Viel Spaß damit!

DANKESCHÖN

Lieber Leser,

deine Pilgerreise kommt hier zu einem Zwischenstopp. Du hast dich durch das Tal flacher Witze, Lerntechniken und Bibel-Anspielungen gekämpft. Chapeau!

Mit der Studentenbibel wollten wir das Buch schreiben, das wir nie hatten. Wir waren auf die Uni angewiesen, wir haben viel gelernt, doch die grundlegenden Dinge, die mussten wir uns selbst beibringen oder auf die schmerzhafte Tour erfahren...

Die Studentenbibel soll diese Lücke schließen. Manche Techniken aus diesem Buch wirst du ein Leben lang beibehalten, andere wiederum beim Lesen dieser Zeilen bereits vergessen haben. Das ist völlig in Ordnung, denn jeder von uns ist unterschiedlich und kommt anders zum Erfolg. Und genau den wünschen wir dir.

Wenn dich das Buch weitergebracht hat, würden wir uns über eine Bewertung auf Amazon freuen. Diese sorgt dafür, dass noch mehr Studierende von der Studentenbibel hören und genauso wie du auf Erfolge anstoßen können – Prost!

Das größte Kompliment für einen Autor ist es, wenn das Buch mit dem Leser „reist" und über die Zeit hinweg absolut abgewetzt aussieht. Nimm es also gerne als Untersetzer für deine Drinks, leihe es deinen Freunden aus oder krame es aus deinem Schrank, wenn du das Gefühl hast, dass dir die Auffrischung einiger Kapitel gerade helfen könnten. Wir wünschen dir nur das Beste für dein Studium
– und noch wichtiger: Dein Leben!

Göttliche Grüße,
Thorlef und Philipp

Philipp Köhler

Bereits während seines Studiums der Wirtschaftswissenschaften sammelte Philipp die ersten unternehmerischen Erfahrungen. Er gründete und leitete den Rhetorik-Verein impress! e.V. der Goethe-Universität in Frankfurt, sowie das Event-Unternehmen Social Happening mit einer Eventreihe für Studenten, welche inzwischen in mehr als 13 Städten zuhause ist. Zur selben Zeit etablierte er die Social Media Marke Studentenstoff, welche wöchentlich mehr als eine Millionen Nutzer erreicht und damit der wohl einflussreichste deutsche Instagram-Account für Studenten ist. Aufgrund dieser Vielzahl an Tätigkeiten musste Philipp Techniken entwickeln, um bei minimalem Zeitaufwand die maximale Leistung herauszuholen. Dies mündete in dem Abschluss des Master of Science in Management, welchen er mit einem „sehr gut" absolvierte.

Die mit Studentenstoff verbundenen Unternehmenskooperationen führten zu der Gründung der Social Media Agentur YZ Media, welche Unternehmen im Bezug auf die Generation Y und Z berät.

Seit Mitte 2020 ist er außerdem Gründer der Firmen Upsters Energy und Alle Leben. Upsters Energy, stellt leistungssteigernde Minz-Bonbons her, um auch in der Vorlesung oder in der Bibliothek beim Lernen konzentriert zu bleiben. Alle Leben führt den gleichnamigen After-Party-Drink, um auch am nächsten Tag fit zu sein. Parallel zu seinen unternehmerischen Tätigkeiten studiert er zum Spaß Psychologie an der FernUni Hagen.

Über die Autoren

Thorlef Czopnik

Thorlef Czopnik ist als Texter bei einer großen Werbeagentur in Frankfurt am Main tätig und arbeitete bereits mit Bestsellerautoren und großen Sportwagenherstellern zusammen.

Davor studierte er Germanistik, Geschichte und Politikwissenschaften und entwickelte in einem Nachhilfeinstitut Lernstrategien für Schülern. Daneben leitete er ein Literaturforum und gewann zahlreiche Schreibwettbewerbe.

Kreation & Umsetzung

David Klein

Branding & Design.
Creative Director, K&R Advertising
www.klein-rose.com

Chiara Selig

Cover & E-Book Gestaltung

Literaturverzeichnis

Bücher

Ebbinghaus, H.: **Über das Gedächtnis. Untersuchungen zur experimentellen Psychologie.** Duncker & Humblot 1885.

Ferris, T.: **Die 4-Stunden-Woche.** Ullstein Taschenbuch 2015.

Heywinkel, K.: **Selbstorganisation: Die besten Werkzeuge für mehr Struktur im Alltag (Der kleine Werkzeugkasten, Band 1).** Independently published 2018.

Karsten, G.: **Lernen wie ein Weltmeister.** Mosaik bei Goldmann 2007.

Keller, G. und Papasan, J.: **The One Thing: Die überraschend einfache Wahrheit über außergewöhnlichen Erfolg.** Redline 2017.

Krengel, M.: **Bestnote.** Eazybookz 2019.

Newport, C.: **Deep Work: Rules for Focused Success in a Distracted World.** Piatkus (2016)

Parkinson, C.: **Parkinsons Gesetz und andere Studien über die Verwaltung.** Verlagsanstalt Handwerk 2005.

Reichel, T.: **Bachelor of Time.** Studienscheiss Verlag 2017.

Reichel, T.: **24/7-Zeitmanagement: Das Zeitmanagement-Buch für alle, die keine Zeit haben, ein Zeitmanagement-Buch zu lesen.** Studienscheiss Verlag 2019

Schäfer, B.: **Die Gesetze der Gewinner.** Dtv Verlagsgesellschaft (2013)
Tracy, B.: Eat that Frog: 21 Wege, wie Sie in weniger Zeit mehr erreichen. Gabal 2019.

Links

BARMER (2018). **Arztreport 2018.** Abgerufen am 08.11.2020 von https://www.barmer.de/blob/144368/08f7b513fdb6f06703c6e9765e-e9375f/data/dl-barmer-arztreport-2018.pdf

Gorth, A. (24. Juli 2012). **You're The Average Of The Five People You Spend The Most Time With.** Abgerufen am 08.11.2020 von https://www.businessinsider.com/jim-rohn-youre-the-average-of-the-five-people-you-spend-the-most-time-with-2012-7?r=DE&IR=T

Hochkling, S. (15. August 2015). **Positives Denken: „Wir sind auf Fehler fokussiert".** Abgerufen am 08.11.2020 von https://www.zeit.de/karriere/beruf/2015-08/positives-denken-karriere-job

Mai, J. (27. September, 2018). **Halo-Effekt: Wie mächtig er wirkt.** Abgerufen am 08.11.2020 von https://karrierebibel.de/halo-effekt/

Mai, J. (09. November, 2020). **Ziele aufschreiben steigert Erfolgschancen auf 76 Prozent.** Abgerufen am 13.11.2020 von https://karrierebibel.de/ziele-aufschreiben/mamk/dpa auf Spiegel.de (22.08.2018).

„Vitamin B" ist bei jedem dritten Job ausschlaggebend. Abgerufen am 08.11.2020 von https://www.spiegel.de/karriere/stellenbesetzung-ein-drittel-ueber-vitamin-b-a-1163956.html

Shellenbarger, S. (18. November 2009). **No Time to Read This? Read This.** Abgerufen am 08.11.2020 von https://www.wsj.com/articles/SB10001424052748704538404574541590534797908

Tabaka, M. (28. Januar 2019) auf inc.com. **New Study Says This Simple Step Will Increase the Odds of Achieving Your Goals (Substantially).** Abgerufen am 13.11.2020 von https://www.inc.com/marla-tabaka/this-study-found-1-simple-step-to-practically-guarantee-youll-achieve-your-goals-for-real.html

Printed in Germany
by Amazon Distribution
GmbH, Leipzig

27311498R00086